Der Heckenbankert

Aufbruch aus einer ungeordneten Welt

Fast unglaubliche Kurzgeschichten über einen tragischen Lebensbeginn und einen heiter bis wolkigen, jedoch erfolgreichen Verlauf des Lebens. Neben den Erlebnissen eines ins Alter gekommenen jungen Mannes enthalten die Begebenheiten auch Seitenblicke auf mehr oder weniger aktuelle Ereignisse aus Gesellschaft und Politik, die ihn besonders bewegten.

Eine kurzweilige Lektüre mit gelegentlichem Tiefgang.

Der Heckenbankert

Aufbruch aus einer ungeordneten Welt

Claus D. Kopinski

Claus D. Kopinski
Der Heckenbankert
Aufbruch aus einer ungeordneten Welt

2. revidierte Auflage 2016
ISBN 978-3-00-052807-1

Druck:
CreateSpace, ein Unternehmen von Amazon.com

Umschlaggestaltung:
Weigand Design u. Kommunikation GmbH, Frankfurt a. M.
Lektorat & Layout:
CFS Consulting For Success GmbH, Frankfurt a. M.

Alle Rechte vorbehalten.

Inhaltsverzeichnis

Für meine Mama 9
Vorwort 11
1   Wie es begann 13
2   Ein Aprilscherz anno 1943 16
3   Ehrungen und Antisemitismus 17
4   Von Mama ausgesucht 19
5   Erstes Zuhause und erste Erlebnisse 20
6   Kriegsende 22
7   Mit der Straßenbahn unterwegs 24
8   Zuhause 25
9   Weihnachten 1947 26
10 Beschaffungen 29
11 Mamas Holzhandel 30
12 Meine erste Entführung 31
13 Mein Faible für Russland 34
14 Erstes sexuelles Erlebnis 35
15 Als evangelischer Ministrant 36
16 Mamas Söhne Ferdinand und Eugen 38
17 Streiche und Erfahrungen mit Karl und Kurt 40
18 Nicht so lustig 42
19 Süße Zeiten 43
20 Währungsreform 44
21 Der Nürnberger Christkindlmarkt 45
22 Hasstiraden 47
23 Mein Milchkannen-Kunststück 48
24 Zerstörtes Nürnberg 49
25 Insel Schütt und Nachtlauf 50
26 In die 1. Klasse 51
27 Horst 52
28 Wir ziehen um! 53
29 Mamas Bruder 54
30 Neue Schule, neue Probleme 56
31 Der Blindgänger am Lamaberg 57
32 Was Mama beunruhigte 58
33 Von Mama zu Mutter 59

34	Angekommen und doch nicht da	61
35	amamaladnamalahamadaham	64
36	Psyche & Psychologie	66
37	Kinderlähmung?!?	67
38	Meine zwei Baustellen	69
39	Jobs und Ausrutscher	71
40	Kontaktschwierigkeiten	72
41	Traurige Weihnachten	73
42	Schlagende Argumente	74
43	Meine Kindheit: Arbeit, Prügel, Schule	75
44	Konfirmation & Toto	78
45	Ende der Volksschulzeit	80
46	Zur Städtischen Handelsschule	81
47	Dank Resi	82
48	Jobben, putzen, Backpfeifen	83
49	Der Strafkatalog	84
50	Unsere Nachbarn – Freud & Leid	85
51	Berufliches & Schauspielerisches	86
52	Tante Lida	87
53	In den öffentlichen Dienst – Lehrjahre	88
54	Abschlussprüfung	91
55	In die Beamtenlaufbahn	92
56	In der Bundesverwaltung	94
57	Ausreden, Verantwortung & Zivilcourage	97
58	Prüfung, Burg und Nerveleien	99
59	Erste Stelle: Nabburg	102
60	Die Nacht im Kasino	103
61	Kündigung & Kündigung der Kündigung	104
62	Nach Lörrach	105
63	Fachliches	106
64	Neuer Einsatz	107
65	Schlagfertig	109
66	Meine Frau	110
67	Zum Frankfurter Flughafen	111
68	Kündigung, – die zweite	112
69	Stil & Neid	113
70	Nach Bad Vilbel in die Griesbreisiedlung	115

71	Erfahrungen in der Gastronomie	116
72	Auf zu neuen Ufern	119
73	Und auf zu ganz neuen Ufern: Bürgermeisterkandidat	121
74	Wahltag	124
75	Als Bürgermeister	126
76	Amt & Fasnet	127
77	Lernprozesse	129
78	Neuer Wind	131
79	Gegenwind	132
80	Don Camillo & Peppone in der Üsenbergstadt	134
81	Ein Gemeinderat stellt sich um	136
82	Der Munistall	137
83	In Vino …	138
84	Alles hat ein Ende, – nur die Amtszeit zwei	140
85	Die Diagnose	141
86	Herbolzheim, – Konkurrent oder lieber Nachbar?	143
87	Die zweite Amtszeit	145
88	Der Kopf des Heiligen Nepomuk	146
89	Großprojekt Balgerstraße	148
90	Kultur	150
91	Flott unterwegs, – Erfahrungen mit Autos	152
92	Abschied vom Amt	157
93	Meine Nachfolger	158
94	Abschiede	159
95	Kampf um Gesundheit	161
96	Nach Frankfurt am Main	162
97	Transplantation	163
98	In großer Dankbarkeit	164
99	Zum Schluss das Letzte	166
100	… und das Allerletzte	167
Literaturangaben		171

Für meine Mama

Dieses Buch ist meiner Mama gewidmet, der ich mein langes Leben verdanke. Eine vom Schicksal geplagte und geprägte Frau. Selbstlos, liebevoll, besorgt, aber kaum fröhlich. Sie meinte, dazu hätte sie keinen Grund. Nicht fröhlich zu sein, ist aber nicht gleichbedeutend damit, sich nicht auch freuen zu können.

Es ist mir nicht gelungen, ihr für alles, was sie für mich getan hat, gebührend zu danken. Das belastet mich seit Jahren. Mama ist 1972 verstorben. Ohne dass ich vorher noch einmal mit ihr sprechen konnte.

Mama, wenn ich noch könnte, würde ich dich umarmen, küssen und dich nicht mehr loslassen.

Dein Claus

Vorwort

Dieses Buch wird erzählt von einem

„Heckenbankert".

Es ist ein übles Schimpfwort, das sich ableitet vom Grundwort „Bankert". Zunächst ist es einmal ein veralteter, aber immer noch gebräuchlicher, abwertender Begriff für ein unehelich geborenes Kind, das auf einer Bank gezeugt wurde. Es ist anzunehmen, dass die Bezeichnung vom früher gebräuchlichen Bastard abzuleiten ist. So wurden im Mittelalter Kinder von Adligen bezeichnet, die sie, in der Regel mit Mägden, außerhalb des Ehebettes gezeugt haben. Im Gegensatz zum Heckenbankert wurden diese Kinder allerdings von ihren Vätern als ihre Kinder anerkannt.

Ein Heckenbankert ist eine böse Steigerung und bedeutet nichts anderes, als dass es sich um ein nicht eheliches unerwünschtes Kind handelt, das sein Leben nicht nur einer Bank, sondern auch einer Hecke verdankt, nach heutigem Verständnis einem "One-Night-Stand" im Flur eines Treppenhauses. Von einer Anerkennung durch den Erzeuger konnte keine Rede sein, weil allenfalls sein Vorname bekannt war - wenn überhaupt.
Als kleiner Junge, dem fränkischen Dialekt im Allgemeinen und der Nürnberger Färbung im Besonderen durchaus zugetan, war mir der Begriff „Bankert" nicht fremd. Im Frankenland ist mit dieser Bezeichnung eher ein Bengel gemeint, der sein Umfeld mit Streichen traktiert.

Nach dem 2. Weltkrieg wurden mit den Schimpfworten insbesondere Kinder von Besatzungssoldaten bedacht. Selbst im Nürnberger Sprachraum verbog sich der Bengel dann zum gemeinen Schimpfwort, wenn es sich um Kinder mit brauner Hautfarbe, also um afro-amerikanische Kinder gehandelt hat.

Die Bösartigkeit der Schimpfworte steht in einem proportionalen Verhältnis zu den nördlichen Breitengraden. Soll heißen: Je weiter nördlich der Weißwurstgrenze die Schimpfworte gebraucht werden, desto giftiger ist ihre Verwendung.

Kleine Vergiftungen stärken die Immunabwehr.

Der Verfasser

1 Wie es begann

Wir schreiben das Jahr 1953. Irgendwann im Sommer. Soweit ich mich erinnern kann, war es Juni, denn mein zehnter Geburtstag lag bereits hinter mir. Der Wecker hatte uns kurz nach fünf Uhr schrill und unbarmherzig daran erinnert, dass wir aufstehen müssen, – und dass dieser Tag ein besonderer werden sollte. Zu einer unchristlichen Zeit, kurz vor sechs Uhr, klopfte es heftig an unserer Wohnungstür. Weil Mama noch im Nachthemd war und sich erst etwas anziehen musste, öffnete sie nicht sofort. Plötzlich donnerte eine Faust gegen die Tür und eine drohende Stimme verlangte barsch: „Aufmachen. Sofort aufmachen!" Beim zweiten Donnerschlag, der fast die Tür aus den Angeln hob, öffnete die leicht verstört dreinschauende und notdürftig nur mit einem Kittel bekleidete Mama. In die Wohnung stürmten ein Polizist in blauer Uniform, ein hagerer und etwas finster dreinschauender „Fürsorger", so hießen damals die Sozialarbeiter, und eine kleine rundliche Frau: Wären Arme und Beine abgetrennt gewesen, so hätte sie rollen können. Wie sich später herausstellte, war auch sie eine „Fürsorgerin".

So viele fremde und ungebetene Gäste hatten wir noch nie in der Wohnung. Die Polizeiverstärkung war angeblich notwendig, weil in den Behördenstuben vermutet wurde, dass Mama die Tür nicht öffnen würde oder mich gar vorher verschleppt haben könnte. Mama hatte mir, wenige Wochen vor der wilden Erstürmung, mit verweinten Augen einfühlsam erklärt, dass ich zu einer verheirateten Frau gebracht werden sollte; weit weg von Nürnberg, – nach Kiel. Mama hatte mir das alles monatelang verschwiegen. Ich hatte mich schon gewundert, weshalb sie in den letzten Wochen so arg traurig gewesen war und ständig vor sich hin geweint hatte. Nachdem ich von der „Abschiebung" wusste, war ich kaum mehr ansprechbar. Meine Leistungen in der Schule erreichten abrupt annähernd den Nullpunkt. Im Schlaf liefen mir dicke Tränen auf das Kopfkissen. Da ich keinen Appetit mehr hatte, aß ich auch fast nichts mehr, ein Hungergefühl war mir fremd geworden. Mama und ich hatten erwartet, dass das Jugendamt, wie angekündigt, einen Fürsorger schicken würde, um mich abzuholen. Er sollte mich dann bei der Bahnfahrt von Nürnberg nach Kiel begleiten, so die Ankündigung. Den massiven Auftritt von gleich drei bedrohlich wirkenden Menschen hatten weder Mama noch ich erwartet. Der Oberfürsorger, als solcher entpuppte er sich später, und die kleine rundliche Frau nahmen mich sogleich in ihre Obhut. Dabei gingen sie nicht zimperlich mit mir um, wussten sie sich doch im Schutze des Uniformierten. Ich umklammerte Mama und wehrte mich – im wahrsten Sinne des Wortes – mit Händen und Füssen. Doch was sollte ich als Kind gegen drei Erwachsene ausrichten, die mich wild strampelnd aus der Wohnung schleiften? Irgendwann ließ meine Kraft nach und ich sah ein, dass Widerstand zwecklos war. So folgte ich den Eindringlingen zwar widerwillig, aber freiwillig. Zu Fuß ging es zum Bahnhof, quer durch Nürnberg, ich stets zwischen zwei Personen, hinter uns der aufmerksam dreinschauende Polizist.

Auf dem Bahnsteig angekommen, hatte ich wieder neue Kraft und neuen Mut gesammelt. In den Menschen am Bahnsteig sah ich mögliche Verbündete und ich schrie wie am Spieß: „Hilfe, ich werde entführt! Hilfe!" Dem Polizeibeamten, der uns bis zum Bahnhof begleitet hatte, standen die Schweißperlen auf der Stirn. Denn er versuchte den aufgeregten Menschen klar zu machen, dass alles seine Richtigkeit habe und dies ein amtlicher Auftrag sei. Seine Uniform wirkte da schon überzeugend und ich kam mir vor wie ein Schwerverbrecher, der zu einer Gefangeneninsel gebracht werden soll. Meine Hoffnung, dass ich von meinen Bewachern befreit werden würde und zu meiner Mama zurück könnte, erfüllte sich nicht. Letztlich auch deshalb, weil mir die dicke Fürsorgerin mit ihrer großen fetten Hand den Mund zuhielt. Aus lauter Mitleid erhielt ich von einer älteren Dame eine kleine, angebrochene Tafel englische Schokolade. Die krallte sich aber gleich meine Fürsorgerin und behauptet: „Aus Sicherheitsgründen behalte ich die Schokolade!" Und aus sicher guten und fürsorglichen Gründen hat sie meine Fürsorgerin selbst verspeist, denn ich habe sie nicht mehr bekommen.

Auf dem nicht gerade überfüllten Bahnsteig warteten wir auf den Zug. Endlich rollte eine alte Dampflok mit Tender und vielen Waggons in den Nürnberger Hauptbahnhof. Es war „unser Zug". Etwas später wurde ich unter minderschwerer Gewalteinwirkung in einen Waggon gezwängt und belegte mit dem „Oberfürsorger" ein Abteil der Bretterklasse. Es gab damals bei der Bahn, die sich noch „Deutsche Reichsbahn" nannte, das Drei-Klassen-Recht. Arme Leute saßen in luftigen Waggons auf lackierten Holzbänken. Spätestens nach hundert Kilometern brannte die Gesäßfläche. Die Mittelschicht, die es sich wieder leisten konnte, verbrachte die Fahrzeit auf gepolsterten Plastiksitzen. Da brennt zwar nicht der Hintern, aber er wurde feucht bis nass; das war auch nicht sehr angenehm. Die feineren Menschen oder die, die sich dafür hielten, konnten ihr Ziel gemütlich auf weichen Stoffpolstersitzen erreichen. Die verbreiteten allerdings einen reichlich muffigen Geruch.

Nach dem Signalpfiff setzte sich die schwerfällige Lock in Bewegung und verließ den noch ziemlich zerstörten Nürnberger Hauptbahnhof. Mit mir und meinem „Oberfürsorger", der mich stets beobachtend begleitete. Eine schier endlose Fahrt stand mir bevor, weil der Zug damals noch an fast jedem Dorfbahnhof hielt. Vorbei ging es an Dörfern und Feldern, die mir wie vorbeigeschobene Kulissen vorkamen und die ich deshalb nicht wirklich wahrnahm. Denn meine Gedanken kreisten immer noch um die Frage, wie ich mich denn aus der misslichen Situation befreien könnte. Die vor sich hin schnaubende Lock fuhr damals über Lüneburg. Mein Oberfürsorger und ich schwiegen uns gegenseitig laut an. Die ganze Fahrt, Stunden lang. Ich hatte Angst davor, dass er mit mir sprechen könnte. Daher versuchte ich, mir meine Situation schön zu reden und mich zu beruhigen. Ich sagte mir: „Jetzt kommst Du zu Deiner Mutter, hast auch einen Vater, eine ganze Familie!" Aber wollte ich das wirklich oder wollte das die Staatsgewalt?
Eine lange Zugfahrt war damals so komfortabel wie eine Kutschfahrt auf Kopfsteinpflasterstraßen. Ich hörte und spürte jeden neuen Schienenstrang, zuckte bei jeder Weiche und Gleisunterbrechung. Das lenkte mich ab, so entfernten sich meine Gedanken von der augenblicklichen Situation und dem Willen, sie zu ändern. Ich begann, mein bislang kurzes Leben Revue passieren zu lassen.

2   Ein Aprilscherz anno 1943

Ich war ein Aprilscherz, denn in diesem Monat des Jahres 1943 erblickte ich in einem Nürnberger Krankenhaus das Licht der Welt. Meine Mutter fand das vermutlich gar nicht lustig, denn gleich nach der Entbindung verließ sie mich. Ob sie meinen Erzeuger kannte, weiß ich nicht. Ein Kind ohne Vater und ohne Mutter zu sein, war zur damaligen Zeit ein Stigma. Um es kurz zu machen: Ich war ein Adliger. Denn mein Vater trug den Titel „Auf und davon" und auch meine Mutter verschwand gleich nach der Entbindung spurlos. Sie gab lediglich an, dass mein Erzeuger angeblich im Juli 1945 in der Schlacht um Stalingrad (heute: Wolgograd) gefallen sei. Das ist alles, was ich von ihm weiß. Von mir weiß er vermutlich noch weniger.

Mama hatte mir einmal erzählt, ich wäre in einem Babykorb des Krankenhauses gelegen wie ein „armes Würmchen". Mein linkes und rechtes Händchen seien merkwürdig nach außen gedreht gewesen, ebenso die Füßchen und auch der Kopf. Wenn ich mir heute meine alten Extremitäten so ansehe, kann ich mir diese damaligen akrobatischen Verrenkungen kaum vorstellen. Weil ich ihr so leidgetan hatte, hat sie mich mitgenommen. Als vorläufigen Pflegesohn. Zur damaligen Zeit war das ohne größere behördliche Auflagen möglich. Schließlich waren alle froh, dass ein Vollwaise ein neues Zuhause fand. Mama war eine äußerst kinderliebe Frau. Ständig auf der Suche nach einem Pflegekind, das sie verwöhnen konnte. Dankbarkeit trifft nicht das Gefühl, das ich für Mama habe. Die Gefühle für sie lassen sich nicht einfach in Worte fassen und so will ich es auch gar nicht versuchen.

3   Ehrungen und Antisemitismus

Wenn ich daran denke, wer alles öffentlich geehrt wurde und wird, dann sage ich mir stets: Verdient hätte Mama es auch! Jedenfalls mehr als z. B. Ignatz Bubis, der Störfaktor der vielseitigen Frankfurter Kultur. Nicht nur das. Ein unangenehmer Zeitgenosse, der wahrscheinlich auch die Kommunalpolitiker in Frankfurt am Main fest im Griff hatte. Personifizierter Mitverursacher der Studentenproteste im Frankfurter Westend in den Jahren 1985/86. Dem Bau eines neuen Hauses hatte er jahrelang erfolgreich mit der Begründung widersprochen, sein daneben stehendes Domizil stünde dann im Schatten. Was „Kunst" ist, bestimmte er ohnehin. Sein peinlicher Auftritt während des Theaterstücks „Der Müll, die Stadt und der Tod" von Rainer Werner Fassbinder im Jahr 1985 bleibt unvergessen. Das Stück handelt von den Auseinandersetzungen im Frankfurter Häuserkampf. Damals versuchten Studenten und junge Menschen, im Stadtteil Westend alte Villen vor dem Abriss zu retten. Sie sollten kalten, unpersönlichen Bürohäusern weichen: hoch, aus Beton und mit Glasfronten. Im Mittelpunkt stand ein „Immobilienhai", in dem sich Ignatz Bubis wiedererkannt haben will.

Bubis wurde in Jerusalem beigesetzt. Seine letzte Ruhestätte wurde bei der Beisetzung mit schwarzer Farbe besudelt. Warum? Die Antwort darauf kann nur der Täter geben, der israelische Künstler Meir Mendelssohn. Ein kleiner Schönheitsfehler. Von den Banken erhielt er ohne Unterstützung seines Clans kein neues Geld. Und so ist er auch hingeschieden, zurückgelassen hat Bubis eine verunsicherte Gesellschaft und Hunderte von persönlichen Gegnern. Das scheint aber alles in Ordnung zu sein. Frankfurt am Main ehrte den lieben Mitbürger und verlieh zur Jahrtausendwende einer Brücke über den Main seinen Namen. Es ist für die Mainmetropole ein Glücksfall, dass die Frankfurter die Bezeichnung „Ignatz Bubis-Brücke" nicht angenommen haben. Sie ist und bleibt die „Obermainbrücke".

Dem Vorwurf, die Geschichte um Bubis sei Ausdruck von „Antisemitismus", gilt es vorzubeugen. Er ist wie ein engmaschiger Maulkorb, der Personen übergestülpt wird, wenn sie sich auch nur ansatzweise kritisch gegenüber der israelischen Regierung oder Einzelpersonen jüdischen Glaubens äußern. Maulkörbe sind nicht für Menschen, sondern für bissige animale Einzelgänger gedacht. Auffällig ist ein erkennbares Duckmäusertum, das sich in der Bevölkerung breit macht, wenn sachliche Kritik angesagt ist. So ist es politisch immer noch unkorrekt, die furchtbaren Angriffe auf Gebiete Palästinas zu hinterfragen und zu kritisieren. Nur hinter vorgehaltener Hand wird deshalb getuschelt und dabei die Frage gestellt, ob die israelische Regierung die schlimme Vergangenheit, die das eigene Volk erleiden musste, vergessen hat. Zwischenzeitlich protestieren in den USA Holocaust-Opfer gegen die israelische Kriegsführung mit ihrer Unzahl von unschuldigen Opfern. Natürlich darf dabei auch nicht die extrem kriegerische Handlungsweise der Hamas, der Hisbollah etc. vergessen werden.

Es ist noch nicht lange her, dass sich ein angesehener deutscher Journalist des „Antisemitismus" bezichtigen lassen musste, nur weil er sich zu dem Problem Israel/Palästina sachlich und kritisch geäußert hatte. Wenn es mich trifft, wird es an mir abperlen wie der morgendliche Tautropfen an einem Baumblatt. Denn ich weiß zu unterscheiden, zwischen der Verantwortlichkeit einer Regierung und der persönlichen Verantwortung. Um es anders auszudrücken: Nicht jeder Israeli ist kampfbesessen oder akzeptiert die staatliche Siedlungspolitik in den Palästinensergebieten. Ich kenne durchaus aufgeschlossene und friedfertige Israelis, mit denen ich freundschaftlich verbunden bin.

4   Von Mama ausgesucht

Kommen wir zurück zu meinem unfreiwilligen Geburts- und Aufenthaltsort. Ich lag als einsames und verlassenes Baby fast bewegungsunfähig im meinem Bettchen, das eine kleine Frau mehrmals und unentschlossen umschritt. Sie wägte ab, wie mir Mama später erzählte, schaute sich auch andere Babys an. Sie hatte die freie Auswahl zwischen etwa zwölf elternlosen Kleinstkindern, die alle auf einen lieben Menschen warteten, der sie in seine Obhut nahm. Weshalb sich Mama gerade für mich entschieden hatte? „Du hattest mir leid getan", erklärte sie mir später. Denn sie hatte sich nicht vorstellen können, dass sich einer „erbarmen" und mir ein umsorgtes Leben anbieten könnte.

Mama hatte mit mir wohl bewusst ein schlechtes Los gezogen. Das bestätigte sich, als sie mich von einem Kinderarzt untersuchen ließ. Er verordnete Krankengymnastik von Kopf bis Fuß mehrmals täglich und wöchentliche Untersuchungen. Knapp zwei Jahre mühte sich Mama, um die verdrehten Hände und Füße einigermaßen zurechtzubiegen, den Kopf eingeschlossen.

5   Erstes Zuhause und erste Erlebnisse

Auch wir hatten beim Großangriff der Alliierten Anfang Januar 1945 in Nürnberg unsere gesamte Habe verloren und waren darauf angewiesen, dass Mitmenschen, deren Häuser nicht zerbombt waren, uns – mehr oder weniger freiwillig – Wohnraum zur Verfügung stellten. Eigentlich hatte ich ja nichts verloren, ich war ja gerade erst geboren und besaß nichts. Wir – Mama, ihr Sohn Ferdinand und ich – wurden zwangsweise in eine Wohnung eingewiesen. Dort belegten wir eine große Küche, die über einen alten Holzkohlenherd mit eingebautem Schiffchen beheizt wurde. Das gelegentlich glühende Abluftrohr ragte aus dem Herd und mündete kurz unter der Decke in den Kamin. Alte, dunkle, zerrissene Tapeten hingen von den Wänden. Daneben und nur über diese Küche zugänglich befand sich ein zweiter, gleichgroßer Raum. Er war ebenfalls in einem erbärmlichen Zustand. Mama und ihr Sohn statteten die Küche mit geschenktem oder auf der Halde gefundenem Mobiliar aus. So wanderten ein Tisch und Stühle, ein kleiner Schrank sowie ein Bett in die Küche. Das war meine komfortable Schlafgelegenheit, denn in der Küche war es durch den holzbefeuerten Herd immer warm. Mama und ihr Sohn hatten sich im anderen Raum ein gemeinsames Schlafzimmer eingerichtet. So gut es eben ging. Die großzügige Wohnung, die vor unserem Einzug nur von dem Hauseigentümer und seiner Frau bewohnt worden war, bestand aus einem großen Flur, über den man acht Räume erreichte, zwei Duschen mit WC sowie einem Bad, das für damalige Verhältnisse luxuriös war! Sie war für die Eigentümerfamilie Pfeifer unangemessen groß, – so die behördliche Meinung nach dem 2. Weltkrieg. Das dreistöckige und lange vor dem 1. Weltkrieg 1918/19 errichtete Gebäude war von den Kriegsgeschehnissen als eines der wenigen in der Umgebung verschont geblieben.

Die ersten zwei Jahre meines Lebens kenne ich nur aus den häufigen Erzählungen von Mama. In Erinnerung blieb mir allerdings eine Begegnung besonderer Art. Es war wohl im April 1945, als Nürnberg immer noch bombardiert wurde. Ich hatte eine heftige Mittelohrentzündung und Mama brachte mich zum Kinderarzt Dr. Beck. Seine Praxis lag neben „unserem" Wohnhaus. Dr. Beck war ein Mensch, zu dem Kinder aller Altersgruppen sofort ein besonderes Vertrauen entwickelten; er wirkte auf alle sehr väterlich. Auf dem kurzen Weg zu ihm überflog uns ein Flugzeug im Tiefflug, vielleicht war es auch nur ein Hubschrauber. Genau weiß ich das nicht mehr. Durch den plötzlichen ohrenbetäubenden Lärm erschrak Mama und warf mich zu Boden. Das schreckliche Geräusch und das, was es verursacht hatte, verschwanden und wir konnten wieder aufatmen. Mamas Angst um mich und sich selbst war verständlich, schließlich war ihr prachtvolles Elternhaus, bis auf die Grundmauern zerstört worden. Davon wird später noch die Rede sein.

6 Kriegsende

Anfang Mai 1945 endete der zweite Weltkrieg. Die kurz davor unterzeichnete Kapitulation des Dritten Reiches trat in Kraft. Aus Nürnberg, des Deutschen Reiches Schatzkästlein, der einstmals Freien Reichsstadt – aber auch die unselige Stadt der Reichsparteitage – war ein Trümmerhaufen geworden. Von der historischen Bausubstanz war nicht mehr viel übrig geblieben. Alte und ehrwürdige Gebäude gingen unwiderruflich verloren. Große Bauwerk der Stadt, wie die vier mächtigen Wehrtürme, waren erheblich beschädigt worden. Der historische Bahnhof war nur noch ein Schatten seiner selbst. Ich erinnere mich auch an die fleißigen „Trümmerfrauen". Sie leisteten aufopferungsvoll „Männerarbeit", beseitigten Schutt und befreiten Steine von Zement, damit sie für den Wiederaufbau nutzbar wurden. Fast alle Frauen, auch Mama, trugen übrigens ein Kopftuch; einfarbig, mehrfarbig, gepunktet oder gestreift. Deshalb verstehe ich nicht, weshalb sich heute viele über das Tragen von Kopftüchern aufregen. Natürlich weiß ich, dass diese Bekleidungsstücke auch eine religiöse Tradition haben können. Na und, – schließlich haben wir die grundgesetzlich garantierte Religionsfreiheit. So auch die neueste Rechtsprechung des Bundesverfassungsgerichts. Es hat festgestellt, dass alle Religionsgemeinschaften gleich zu behandeln sind. Dem einen sein Kreuz, des anderen seine Kippa oder ihren Nikab (Kopftuch mit Sehschlitzen). Zu dieser Freiheit gehört es allerdings nicht, ohne Rücksicht auf die Kultur des zur Heimat gewordenen und früheren Gastlandes auf Friedhöfen moderne Mausoleen zu errichten. So geschehen in jüngster Zeit auf dem Frankfurter Hauptfriedhof. Mit ausdrücklicher Einwilligung der Stadt und mit der Begründung, die Religion Verstorbener und ihrer Nachkommen verlange diese besondere Art der Grabmale. Auch wenn sie aussehen wie WC-Anlagen und sich nun wirklich nicht in das Umfeld historischer Grabmale einfügen. Es gibt Religionen, die eine öffentliche Verbrennung Verstorbener vorschreiben. Ob die Frankfurter Stadtverwaltung diese religiös bedingte Art der Beisetzung zu tolerieren bereit ist, wage ich zu bezweifeln.

Kommen wir zurück auf die Nürnberger Nachkriegsjahre und meine frühkindlichen Erfahrungen. Dazu gehören auch Zahnschmerzen. Einer meiner ersten Milchzähne musste gezogen werden. Eigentlich fallen sie von selbst aus und werden durch stabile Zweitzähne dauerhaft erneuert. Zur Behandlung und zum Ziehen von Zähnen war kurz nach dem Krieg der Frisör zuständig, denn es gab kaum „Dentisten"; so wurden früher die heutigen Zahnärzte genannt. Auf dem hohen Kinderstuhl sitzend traktierte mich der Frisör mit martialischem Werkzeug, – aber mit Erfolg und blutigen Folgen. Als ich das Blut im Frisierspiegel fließen sah, fing ich an, wie am Spieß zu schreien und zu brüllen. Dabei war der Zahn schon längst gezogen.

7   Mit der Straßenbahn unterwegs

Eine meiner Lieblingsbeschäftigung war die fast tägliche Fahrt mit der alten Straßenbahn. Nach dem 2. Weltkrieg war sie das erste öffentliche und regelmäßig verkehrende Beförderungsmittel der Stadt Nürnberg. Das war sich die Stadt schuldig, denn schließlich war im Jahr 1835 die erste deutsche Eisenbahn von Nürnberg nach Fürth gefahren. Die Nachkriegsstraßenbahn war noch die Vorkriegsstraßenbahn, ein schweres, aber auch graziles Ungetüm mit großen Fensterscheiben. Vorn und hinten waren die beidseitigen Zugänge aus hochklappbaren Stahlgittern. Den Fahrgastraum durchzog ein dünner Lederriemen, an dessen Enden sich eine Haubenglocke befand. Sie wurde bei Abfahrt von einem Schaffner bedient und war ein Warnsignal für noch einsteigende Fahrgäste. Beim Schaffner mussten die Einzelfahrscheine gekauft werden, die er sofort mittels einer Lochzange oder einem kleinen Stempel entwertete. Das Fahrtgeld steckte er in seine Schaffnertasche, die er an einem langen Lederriemen um den Hals trug. Die Tasche hatte ein Fach für Geldscheine und Fahrkarten, außen waren Geldzylinder für die Münzen.

8 Zuhause

Mama, deren Sohn und ich wohnten in den beschriebenen engen Räumlichkeiten. Es war kurz vor Weihnachten 1947. Wir hatten stets das Gefühl, nur Störenfriede zu sein; das belastete uns sehr. Die misstrauischen Hauseigentümer straften uns mit Missachtung. Wir waren unwillkommene Eindringliche, Besetzer und damit Fremdkörper, die es galt, loszuwerden. Wenn wir uns zufällig im langen Wohnungsflur begegneten, gab es keinen Gruß, nur hämisches Grinsen über beide Ohren. Nach ihrer Auffassung waren wir einfach asozial.

9   Weihnachten 1947

Ausnahmsweise hatte es im Dezember 1947 viel geschneit. Ganz Nürnberg lag kurz vor den Festtagen unter einer dicken Schneedecke. Malerisch schmiegte sich der Schnee an Dächer und Erker und alles, was sich erlaubte, wie neugierige Nasen aus den Häusern zu ragen. Ein romantischer Tag und Abend, den ich leider nie mehr so erleben sollte. Mama und Ferdinand hatten bereits einen Tag vor Weihnachten ihr eigenes Schlafzimmer abgeschlossen. Das wirkte sehr geheimnisvoll. An Heiligabend – ich war vier Jahre alt – musste ich vor deren Schlafzimmer warten. Auf den Weihnachtsmann, den ich nur aus Erzählungen kannte. An ihn hatte ich lange Zeit auch fest geglaubt. Genauso fest wie daran, dass ich ein Brüderchen haben kann, wenn ich jeden Abend ein Stück Würfelzucker vor das Fenster lege. Ich hatte genug Würfelzucker und eine lange wie auch breite Fensterbank. Aber ein Brüderchen kam nicht an. Wahrscheinlich war der Klapperstorch immer vorbeigeflogen. Etwas besser war es da schon mit dem Weihnachtsmann. Den hatte ich zwar auch noch nie gesehen, aber immerhin hatte er stets etwas hinterlassen, das mein Herz höher schlagen ließ. Bis zu meiner späten Kindheit glaubte ich fest an den Weihnachtsmann. Schließlich konnte man sich auf ihn verlassen, im Vergleich zu dem großen und komischen Vogel, der sich wohl ständig in der Richtung irrte. Das ließ mich allerdings völlig kalt.

Lieber früher an den Weihnachtsmann glauben und sich freuen, als heute auf Facebook Leuten, die ich persönlich gar nicht kenne, Nachrichten zu senden. Irgendwie sind diese Diskutanten in ihrer Sozialisierung behindert und für mich arm dran. Die tatsächlichen zwischenmenschlichen Beziehungen finden nicht mehr statt, weil Freundschaften nicht mehr persönlich entstehen oder gepflegt werden, sondern unpersönlich bei Facebook u. ä. stattfinden.
Die Schlafzimmertür öffnete sich langsam. Eine überwältigende Beleuchtung, die mich sprachlos machte. In einer Zimmerecke stand unmittelbar vor mir ein riesiger Tannenbaum. Mehr als zwei Meter hoch, reichlich mit glänzenden, silbernen und goldenen Kugeln dekoriert und wunderbar schimmernd durch das Lametta.

Auf der Baumspitze ein großer und sehr kunstvoll gestalteter Rauschgoldengel.

Diese goldene Kunstfigur verdanken wir einem Nürnberger Puppenmacher, dessen Tochter im Dreißigjährigen Krieg allzu früh verstarb. Doch eines Nachts erschien sie ihm im Traum. Sie war schön wie ein Engel und trug ein goldenes Kleid. Um diese wunderbare Erinnerung festzuhalten, schuf er eine goldene Puppe aus Metall, die aussah wie seine Tochter in seinem Traum, – den ersten Rauschgoldengel. Er wollte sich ewig an sein liebes Kind erinnern. Das hat er wohl geschafft, bis zum heutigen Tag. Die handwerklich gar nicht so einfach herzustellende Figur ziert, vornehmlich in Franken, jeden Weihnachtsbaum.

Dass es in der damaligen Zeit, kurz nach dem zweiten Weltkrieg, überhaupt einen Weihnachtsbaum gab und wir ihn hatten, das war für mich ein unglaubliches Erlebnis, an das ich mich heute noch gern erinnere. Unser Weihnachtsbaum war bereits mit elektrischen, weißen Kerzen bestückt, deren Birnen einen kleinen Lichterkranz spendeten. Er war ein Anblick, der mir die vor Freude Tränen aus den Augen trieb.

Ferdinand hatte diesen Baum geschmückt und beleuchtet. Mamas Sohn war technisch hochbegabt. Was er nicht schaffte, schaffte keiner. Ich habe in unserer Wohnung Modelle von Flugzeugen, Hubschraubern, aber auch von Kriegsgerät gefunden, das er selbst aus Stahl und Holz entwickelt hatte. Ich erinnere mich an eine von ihm gebaute Schiffsschraube, für deren Patent er ein Vermögen hätte verdienen können. „Ich will die Welt verbessern, aber nicht verkaufen", antworte Ferdinand stets, wenn man ihm riet, seine Entwicklungen patentieren zu lassen, um sie Produzenten zugänglich zu machen. Verständlich, er war Jahrgang 1926 und hatte „die Schnauze voll von den Nazis". Aber bleiben wir bei der Bescherung.
Unter dem strahlenden und reichlich geschmückten Tannenbaum fuhr eine mechanische, aufziehbare Eisenbahn. Sie hielt häufig am von innen hell beleuchteten Bahnhof, wenn sie an der richtigen

Stelle auf die Schienen gesetzt wurde. Ein großer Trix-Baukasten lag unter dem Tannenbaum, dessen Lichter das Zimmer in eine romantische Höhle verwandelten. Ich bastelte später mit dem Baukasten Brücken, Straßenzüge und alles, was die Gebrauchsanweisung hergab. Schließlich fand ich auf einem breiten, weißen Korbsessel sogar noch einen riesigen weißen Bären und einen großen weißen Affen. Zwischen Ihnen lag „Fritz", eine mehr als armlange Knabenpuppe. Dessen Kleidung war aus blauer Wolle kunstvoll gestrickt. Er hatte eine dazu passende Strickmütze auf und trug einen weißen Strickschal. Fritz wurde mein Liebling, weil ich mit ihm sprechen konnte, ohne Widerspruch zu ernten ... und damit hatte ich immer recht. Unter dem Weihnachtsbaum stand auch eine nagelneue braune Knopfharmonika. Das Weihnachtsgeschenk war eine Idee von Ferdinand. Er wollte unbedingt, dass ich dieses komplizierte Instrument erlerne. Bei Erfolg stellte er mir ein Akkordeon in Aussicht, also ein klaviertastenbestücktes Instrument, das sein Lieblingsinstrument war. Leider war und bin ich ein völlig unmusikalischer Typ und kam später deshalb weder zu einem Akkordeon, noch zu einem anderen Instrument.

Heute gibt es für die Kids zu Weihnachten Computer in allen Größen, Handys, Tablets, iPads und Spielkonsolen. Zur Kreativität – dem Nachdenken und Erarbeiten von Lösungen – bedienen sich unsere jungen Menschen der Elektronik. Discos, Kneipen, Bars bieten Abwechslung, die es in den Nachkriegsjahren und auch noch Jahre später nicht gab. Auch von „Shopping" konnte keine Rede sein. Das Angebot war einfach nicht vorhanden. Heute herrscht ein Konsumterror, zu dem wir selbst beitragen und uns dann in stiller Stunde auch noch darüber wundern, weshalb wir an diesem Terror teilnehmen. Die Freundin aus „Kyritz an der Knatter" wird dabei in die segensreiche Großstadt geführt wie ein Vierbeiner an der kurzen Leine. Erwachsene und Halbwüchsige, häufig bar eines eigenen Einkommens, belagern einerseits textile Billiganbieter, andererseits schimpfen sie mit überschaubarer Halbwertzeit über ausländische Billiglöhne und menschenverachtende Arbeitsbedingungen.

10   Beschaffungen

An diesen Heiligen Abend, dem Vortag des Weihnachtsfestes 1947, werde ich mich stets erinnern. Vielleicht vor allem deshalb, weil ich in einer schwierigen Zeit mit materiellen Dingen beschenkt worden bin, und ich mich heute noch frage, welche unergründlichen Anstrengungen dahinter standen, um sie herzustellen oder zu kaufen. Vielleicht waren es zulässige Tauschgeschäfte oder sie waren aus dem unzulässigen Schwarzmarkthandel. Letzteres war damals eine überlebensnotwendige Form der Beschaffung von Lebensmitteln, Kleidung und alledem, was der Mensch damals so brauchte oder auch nicht. Gängige Währung waren überwiegend amerikanische Zigaretten. Es gab ja kein offizielles Geld. Wer Zigaretten hatte und sie nicht selbst unnötig in die Luft paffte, konnte auf dem Schwarzmarkt den zigfachen Zigarettenpreis erzielen und sich damit Dinge leisten, von denen andere nur träumen konnten. Hatten Stadtmenschen nicht ausreichend zu essen und trugen nur das, was sie am Leib hatten, suchten sie andere Wege, um ihr Dasein zu erleichtern. Den meisten Landwirten ging es nach dem Krieg verhältnismäßig gut. Verschont geblieben von Bomben und Kanonen konnten sie ihre landwirtschaftlichen Betriebe in aller Regel ungestört weiterführen. Sie litten im Grund genommen keine Not, weil sie frisches Gemüse, Beeren und Äpfel aus eigener Produktion hatten. Dies galt auch für Kühe, Hühner und fette Schweine. Nebenprodukte der Viehhaltung waren Eier, Butter, Milch und Käse. Kein Wunder also, dass die darbende Stadtbevölkerung sich aufmachte, mit den verschonten Landwirten umfängliche Tauschgeschäfte einzufädeln. Da wurde ein goldener Ehering schon mal zu einem Dutzend Eier, die Taschenuhr mit Goldkette brachte immerhin ein Schweineviertel und zehn Eier. Teppiche standen nicht sehr hoch im Kurs. Egal, ob sie echt waren oder nicht, über sechs Koteletts, sechs Eier und reichlich Gemüse lief nichts. Was sollten die Landwirte auch mit den vielen Teppichen anfangen, die sie manchmal nur aus Mitleid entgegennahmen? Da wurden natürlich gelegentlich die Ställe mit Teppichen ausgelegt. Wir können dies vernachlässigen. Denn nicht jeder „Ausgebombte", also diejenigen, die durch den Krieg Hab und Gut verloren hatten, waren im Besitz von Teppichen.

11   Mamas Holzhandel

Ab Jahresbeginn 1949 sollte in „unserer Wohnung" schon einiges passieren. Mama, immerhin schon 49 Jahre alt, gründete einen Holzhandel. Wie sie das gemacht hat, ist mir heute noch ein Rätsel. Sie war emsig, ließ visitenkartengroße, mit Stempelaufdruck versehene Handzettel in Nürnberg, Fürth und Erlangen verteilen. Jedenfalls kam eine Zeit, in der der oberpfälzische Lieferant nicht mehr wusste, wie er Mamas wöchentliche Bestellungen bewerkstelligen sollte. Er versuchte sich damit zu helfen und gleichzeitig zu bereichern, indem er bei der Kundenanlieferung viel Luft in den Körben zu lassen pflegte; also manchmal mehr Luft als Holz verkaufen wollte. Es wurde nach dem Raummaß Ster abgerechnet bzw. dabei getrickst. Aber da war er bei Mama an die Falsche geraten! Jeder große Holzkorb, der den schweren Traktoranhänger verließ, wurde von Mama genau kontrolliert. Und gnade Gott, der Lieferant hatte nicht sofort ein paar Scheite Holz nachgelegt. Mama war einfach ehrlich und kundenfreundlich, – und das war das Geheimnis ihres Erfolges. Irgendwann ist ihr die Arbeit über den Kopf gewachsen und sie musste den Holzhandel aufgeben. Ich bedauerte das sehr, denn für jede Begleitfahrt mit ihr erhielt ich drei Deutsche Mark. Zur damaligen Zeit viel Geld, wenn man bedenkt, dass ein Brötchen nur fünf Pfennig gekostet hat. Heute kostet ein Rundstück, ein Weckla, eine Semmel, eine Schrippe oder ein Stütges mehr als 30 Cent. Bei unzulässiger Umrechnung sind das zu DM-Zeiten immerhin rund 60 Pfennig.

12   Meine erste Entführung

Eingangs hatte ich geschildert, unter welchen Umständen ich bei Mama abgeholt und nach Kiel verschleppt worden bin. Mit Vollzugspolizei und sonstiger personifizierter staatlicher Macht. Diese Erfahrung hatte ich damals nicht das erste Mal gemacht, ich hatte bereits zuvor die Ehre eines polizeilichen Besuchs.

Es war im Alter von fünf Jahren, also im Herbst 1948, das Laub fiel gerade von den Bäumen und ich lag schlafend im Bett. Ohne Ankündigung stürmten drei Polizisten und zwei Fürsorger unsere Wohnräume. Es war etwa sechs Uhr morgens. Mama wusste nicht, wie ihr geschah. Ich auch nicht, es war für mich der reinste Horror. Plötzlich zogen sie mich aus dem warmen Bett, das in der Küche stand, kleideten mich notdürftig an und entführten mich. Vor den Augen von Mama, die verzweifelt versuchte, die Entführung zu verhindern. Außerdem wollte sie wissen, warum sie mich abholten und wohin sie mich brachten. Ein heute undenkbarer Eingriff in die persönliche Freiheit.

Nach rasanter Fahrt im Polizeiwagen brachten mich die ungebetenen Eindringlinge nach Greding, ein Ort nicht weit von Nürnberg entfernt. Ich „durfte" ein katholisches Kinderheim besuchen, das in einem historischen Gebäude untergebracht war. Heute ist es ein Alten- und Pflegeheim. Damals war Greding ein mehr oder weniger unbekanntes Dorf, dessen Einwohner überwiegend von der Landwirtschaft lebten. Die Ordensschwestern im Kinderheim waren einfühlsam, nett und hatten viel Verständnis für die kindliche Seele. Wie sie zu mir als Heimkind kamen, das hatte man ihnen verschwiegen. Die Eingewöhnung und die Gewöhnung, mit anderen Kindern tag-täglich zusammen zu sein, waren für mich etwas schwierig. Ich war verstört und völlig durcheinander. Selbst bei meinen Schuhen verwechselte ich rechts und links. Trotz der Gemeinschaft fühlte ich mich sehr einsam. Gern war ich daher mit mir allein und streifte durch das Dorf. Dabei landete ich auch auf dem Gredinger Friedhof, der auf einer Anhöhe liegt. Dort stand ein offenes Beinhaus. Durch Gitterstäbe konnte ich Totenschädel und menschliche Knochen sehen und ertasten. Es war meine erste Bekanntschaft mit dem Tod.

Ein Großbauer, den, wie sich zu einem späteren Zeitpunkt herausstellte, Mamas Sohn Ferdinand zufällig kannte, lud mich später öfter auf sein Anwesen ein. Dort lernte ich seine Familie und alle Arten von landwirtschaftlichem Nutzvieh kennen. Ich durfte mithelfen, die Ställe zu reinigen und auf Heuballen sitzend die Ernte einzubringen. Mir imponierten dabei die stets geduldigen Ochsen, die den Heuwagen zogen. Deren stoische Ruhe bewunderte ich.

Meine Mama hat erst nach drei Wochen erfahren, wohin ich zwangsweise verbracht worden war. Nachdem endlich das behördliche Besuchsverbot nach mehreren Wochen aufgehoben wurde, durfte sie mich im Kinderheim besuchen. Sie saß wartend in einem kleinen Raum. Als ich sie sah, weinte ich bitterlich und wollte unbedingt mit ihr nach Hause. Um mich zu beruhigen, schloss mich Mama fest in ihre Arme und verwöhnte mich mit Süßigkeiten in einer Menge, die ich noch nie gesehen hatte. Den Grund meiner Entführung hat Mama erst sehr viel später erfahren. Die Familie Pfeifer, bei der wir als „Gäste" wohnten, hatte Mama beim Jugendamt angeschwärzt. Angeblich hätte Mama mich mehrmals mit dem Kopf gegen die Wand geschlagen. Das war eine glatte Lüge! Ich bin auch heute noch davon überzeugt, dass es ein mieser Racheakt war. Denn im Hof, unterhalb unseres Küchenfensters, parkte ein edles schwarzes Luxusfahrzeug. Ich weiß nicht, welcher Teufel mich geritten hatte. Jedenfalls spuckte ich aus dem Küchenfenster auf das Autodach. Dieser Luxusschlitten gehörte Herrn Pfeifer, der dann bei uns anklopfte und mir eine volle Breitseite ins Gesicht pfefferte. Das brachte Ferdinand so in Rage, dass er unseren Hausherrn so schlug, dass er durch unseren gemeinsamen Flur segelte. Aus alledem hatte ich mich herausgehalten und mich unter meiner Bettdecke verkrochen. Mein Zwangsaufenthalt im Gredinger Kinderheim war nach einem knappen Vierteljahr zu Ende, dann durfte ich wieder nach Hause zu Mama. Dies hatte ich dem zähen Kampf Mamas mit den Behörden zu verdanken.

Schon bei diesem Erstkontakt mit der Polizei hatte ich geahnt, dass dieses Vollzugsorgan mir gegenüber sehr anhänglich ist. Das bestätigte sich, wie geschildert, später. Die selbstgefällige und autoritäre Art und Weise, wie Behörden mit Bürgern umgegangen sind, ist heutzutage kaum denkbar. Vielleicht lag es daran, dass Nürnberg als Großstadt schon damals eine eigene Stadtpolizei in blauer Uniform hatte. Das war nach dem Krieg möglich. Heute ist jeder Polizist grundsätzlich Landesbeamter und auch blau.

13 Mein Faible für Russland

Als Kind hatte ich natürlich keine Ahnung, was mein Erzeuger, der sich 1943 im Krieg befunden haben soll, in der ehemaligen UdSSR zu erleiden hatte. Einmal abgesehen von den Opfern und dem Leid, das Menschen anderer Nationen hinnehmen mussten. Als ich das später alles begriffen hatte, wollte ich ein Russe sein, Mitglied eines Volkes, das ich achtete und schätzte und mit dem ich leben wollte. Wohl deshalb habe ich heute noch Sympathien für das russische Volk. Insofern ist es nicht verwunderlich, dass ich die derzeitige Politik gegenüber Russland nur schwer nachvollziehen kann. Ein Volk, dem so viel Leid zugefügt wurde, ist in der letzten Zeit durch die westlichen Staaten erheblich verunsichert worden. Die maßlose Ausweitung der Europäischen Union bis an die Grenzen Russland und der nicht zu stillende Expansionsdrang der NATO sind Gründe, die den „kalten Krieg" haben wieder aufleben lassen. Ein Krieg hat keine Gewinner, nur Verlierer, das hätte sich der frühere kriegsprovozierende Nato-Generalsekretär Anders Fogh Rasmussen hinter seine Ohren schreiben müssen. Dass die russischen Okkupationen von Teilen der Ukraine auch nicht zu einem friedlichen Weltbild gehören, bedarf keiner weiteren Begründung.

14 Erstes sexuelles Erlebnis

Mein erstes und wohl auch überflüssiges sexuelles Erlebnis hatte ich früh. Es war ein frühpubertäres, gruppendynamisches Verhalten. Meine zwei älteren Freunde, Karl und Kurt, führten mich in eine riesige, aber nicht offizielle Parkanlage unweit unserer Wohnung. Hinter und unter Büschen haben wir im Rahmen kindlicher Doktorspiele aneinander rumgefummelt, ohne zu wissen, was wir eigentlich wollten. Jedenfalls wusste ich im Alter von fünf Jahren nachher nicht, was das alles sollte.

15 Als evangelischer Ministrant

Gibt es evangelische Ministranten? Ob es sie noch gibt, kann ich mir kaum vorstellen; dass es sie gab, schon eher. Ich war evangelisch getauft, Mama war ebenfalls evangelisch. Sie ging dennoch mit mir gelegentlich in die nahegelegene katholische Kirche, soweit es ihre Zeit zuließ. War sie aber zeitlich verhindert, legte sie großen Wert darauf, dass wenigstens ich am Sonntag in die Kirche ging. Wie es aber zustande kam, dass ich im Alter von sechs Jahren plötzlich im katholischen Glauben erzogen werden sollte, war mir damals völlig unklar. Ich erhielt in der Schule katholischen Religionsunterricht, den der örtlich zuständige Pfarrer abhielt. Es war ein junger, sehr konservativer Pfarrer. Außerhalb der Kirche war er nur im schwarzen Collarhemd anzutreffen. Damals war es für katholische Kinder Pflicht, nicht nur an jedem Sonntag die Kirche zu besuchen, sondern auch regelmäßig zum Kommunionsunterricht zu kommen. Als dieser Unterricht, an dem ich selbstverständlich teilnahm, wieder einmal zu Ende war, führte mich der ernst dreinschauende Pfarrer in einen Raum nahe der Sakristei. Dort fragte er mich, ob ich Ministrant werden wolle. Ich hatte nichts dagegen. Schließlich konnte ich damals noch nicht einmal zwischen katholisch und evangelisch unterscheiden, und ich wusste nicht, was auf mich zukam. Insgesamt vier Stunden Extra-Bibelunterricht und ich war Ministrant.

Dass ich vorher in den Beichtstuhl musste, versteht sich von selbst. Die Fragen nach meinen Sünden und meine Antworten haben mich über Jahre beschäftigt. Unter diesem Leistungsdruck hatte ich irgendwelche Lügen und Sünden erfunden und gebeichtet und – weil ich es nicht genau wusste – dabei bereits im Beichtstuhl wieder gelogen. Nach der Beichte erhielt ich ein rotes und weißes Untergewand, den Talar, den ich zu unterschiedlichen kirchlichen Anlässen anzog. Den Umgang mit dem Weihrauchkessel musste ich ebenfalls lernen. Ich war der Thurifer, ein Titel in der Hackordnung der Ministranten. Wenn ich als Thurifer diesen Kessel mit glühendem Weihrauch in der Hand hielt und damit schwenkte, wurde mir immer schlecht, weil ich den Geruch von Weihrauch nicht vertrage. Aber ich war stets tapfer. Im Nachhinein habe ich den stillen Verdacht, Mama wollte, dass ich Priester werde. Das war früher so und noch bis in die Mitte der fünfziger Jahre des 20. Jahrhunderts ging auch die Kirche davon aus, dass Ministrant die Vorstufe zum Priesteramt sein kann. Daraus wurde allerdings bei mir nichts.

16 Mamas Söhne Ferdinand und Eugen

Ferdinand, Mamas Sohn, wurde leicht depressiv. Er gab seine gutbezahlte Arbeit bei der damaligen Traditionsfirma Siemens-Schuckert in Nürnberg auf, heute unter Standortwechsel als SIEMENS bekannt. Manchmal hatte ich den Eindruck, es war auch etwas Eifersucht im Spiel, die sich auf mich bezog, weil Mama mich so verwöhnte. Mit Zuneigung und – womit kann man Kinder in meinem Alter noch verwöhnen? – mit materiellen Zuwendungen. Mama hatte aber auch noch Eugen, ihren zweiten und jüngsten Sohn. Ein Vorname, den wir heute fast nicht mehr kennen. Eugen war Mamas Lieblingssohn und ein tapferer Anhänger des Dritten Reiches. Aktiv in der „SS-Division Totenkopf". Eine besonders grausame Mischung aus menschlichen Wesen und Unmenschen, die sich zumeist scheußlicher Mittel bedienten. Ich will Eugen nicht in irgendeine Ecke stellen. Ich weiß auch gar nicht, in welche. Denn auch in den Totenkopfverbänden gab es Menschen mit Verstand und Verantwortung. Manchmal mit vollem Gemüt und begnadet mit einer Menschlichkeit, die sich Angehörige dieser verrufenen Einheit eigentlich überhaupt nicht leisten durften. Mama stand häufig vor der zweiseitigen Kopie eines Briefes, dessen Original ich nie selbst gesehen habe. Es war im Original von Mama offenbar unauffindbar gebunkert. Dessen Kopie hing an einer gut sichtbaren Stelle und in Augenhöhe an der Wand im Schlafzimmer, das sie gemeinsam mit ihrem Sohn Ferdinand nutzte. Ich erinnere mich an die Liebe dieser beiden Menschen. Die Liebe einer traurigen Mutter zu ihrem verschollenen Sohn. Denn im letzten Satz seines rührenden, poetischen Briefes hatte Eugen geschrieben:

> *„... und sollte ich auf dem Schlachtfeld fallen,*
> *so werde ich noch "Mutter" lallen."*

So wird es gewesen sein. Denn bei der Rückführung deutscher Kriegsgefangener 1953, die Konrad Adenauer, unser erster Bundeskanzler, erreicht hatte, war Eugen nicht dabei. Mama hatte sich ihre Enttäuschung kaum anmerken lassen. Nicht selten ertappte ich sie beim Lesen des ganzen Briefes, still und sich an einer Kommode aufstützend, vor sich hin weinend. Selbst ich wollte sie dann nicht ansprechen, obwohl sie in der Lage gewesen wäre, auf meine kümmerlichen Sorgen einzugehen. Aber irgendetwas hinderte mich stets daran, Mama zu stören.

Ferdinands Depressionen uferten im Laufe der Zeit aus. Er wurde auch gewalttätig. Dazu hat vermutlich der Schicksalsschlag beigetragen, dass seine Freundin Anni ein behindertes Kind zur Welt brachte. Er konnte es wohl psychisch nicht verkraften. In den sechziger Jahren entwickelte er sich zum fleißigen Automarder. Er zerschnitt Autoreifen, zerschlug Autoscheiben, manchmal waren es bis zu zehn Fahrzeuge in einer Nacht. Als er bei einer seiner Taten von der Polizei gestellt wurde, traktierte er die Beamten, die ihn schließlich in eine Zwangsjacke stecken mussten. Sie brachten ihn in die Psychiatrie. Dort setzte er seinem Leben ein Ende. So jedenfalls die Erzählung von Mama.

17 Streiche und Erfahrungen mit Karl und Kurt

Mit Karl und Kurt, meinen Kinderfreunden, hatte ich Streiche gespielt, die heute keinen Menschen mehr aufregen. „Sturmklingeln" zum Beispiel. Ausgeführt und anschließend weggerannt, was das Zeug hielt. In der heutigen Zeit macht man solche Scherze nicht mehr. Manche jungen Leute finden es „cool", andere tot zu treten oder abzustechen.

Manchmal hatte ich das Gefühl von etwas – damals – Unaussprechlichem. Das Gefühl von Sexualität. Meine Freunde führten mich irgendwann in Nürnberg in eine Lagerhalle am heutigen Rhein-Main-Donaukanal. Ich wusste überhaupt nicht, was ich dort sollte. Jedenfalls gingen wir zunächst leisen Schrittes in diese Halle. Urplötzlich sah ich mitten im überfüllten Depot einen nackten Mann. An sich herumfummelnd. Ich hatte Angst und es war mir nicht geheuer. Im Hinterkopf wissend, dass ich etwas sehe und er etwas tut, das „sich nicht gehört". Warum ich es tat, weiß ich heute auch nicht mehr, aber ich war die treibende Kraft, die schmutzige Lagerhalle schleunigst zu verlassen. Woher die beiden Freunde wussten, was sich in der Lagerhalle abspielte, habe ich nie erfahren. Ich habe auch nicht danach gefragt. Wenn über zwanzig Jahre später ein nackter Kerl irgendwo herumgestanden hätte, warum hätte ich mir deshalb den Hals verbiegen sollen? Obwohl ein ausgeprägter Männerkörper ja auch nicht unästhetisch ist. Männer geben es nur selten zu, dass sie andere Geschlechtsgenossen auch bewundern können. Es könnte ja sein, dass irgendjemand denkt, sie wären schwul. Davon muss aber nicht die Rede sein. Einmal abgesehen davon, – und wenn schon. Wenn in China ein Sack Reis umkippt, interessiert das ja auch niemanden.

Welches Kind, noch nicht sechs Jahre alt, ist schon in der Lage, sich stets so zu verhalten, wie Erwachsene es sich wünschen? Dennoch kann es zwischen Recht und Unrecht sehr gut unterscheiden. Wer Grenzen überschreitet, merkt das sehr schnell. Schneller als er denkt. Auf jeden Fall hatten meine zwei Freunde und ich bei ihrer Verwandtschaft leere Weinflaschen gesammelt.

Dafür erhielt man in einem Lebensmittelgeschäft immerhin zehn Pfennig je Flasche. Damals war das viel Geld. Dafür gab es eine große Tüte Bonbons oder zwei Brötchen oder eine Tüte „Restkuchen". Letzteres war Kuchen vom Vortag oder Ränder von frischem Streusel- und Butterkuchen. Die Chefin unserer Abnahmestelle freute sich über jede Flasche und zahlte in genannter Höhe. Gleich anschließend brachte sie die leeren Flaschen in den Hinterhof, der seitlich vom Geschäft lag und ungehindert zu begehen war. Dessen schmiedeeisernes Gitter stand immer offen. Einer von uns hatte den Geistesblitz, sich doch Weinflaschen aus dem Hinterhof „zu besorgen" und wieder im Laden gegen Entgelt abzugeben. Das ging drei- bis viermal ganz gut. Aber irgendwann hatte die Chefin Lunte gerochen. Als wir wieder einmal auf „kurzem" Weg Flaschen abliefern wollten, kam die Chefin hinter der Ladentheke hervorgesprungen. Meine zwei Freunde rannten sofort weg. Weil ich noch Weinflaschen in der Hand hielt, konnte ich nicht so schnell türmen. Die nahm mir Frau Burkhardt, so hieß die Chefin, aus der Hand, legte mich über den Tresen und versohlte mir ordentlich den Hintern. Ich konnte kaum mehr gehen und hatte erhebliche Schmerzen. Es war mir unmöglich, zu Hause von diesem Züchtigungserlebnis zu erzählen. Daher biss ich die Zähne zusammen und verlor kein Wort darüber. Chefin Burkhardt war übrigens eine nahe Verwandte der Inhaber einer Firma, die heute noch im großen Stil Nürnberger Lebkuchen in alle Welt verkauft.

18 Nicht so lustig

An einem Tag, ich war gerade mal fünf Jahre alt, war Mama spurlos verschwunden. Für die Wohnung hatte ich keine Schlüssel, so stand ich vor verschlossener Tür. Es war ein Wintermonat und früh dunkel. Ich heulte wie ein Schlosshund. Mein mir einziger wichtiger Mensch war weg und ich stand in der Kälte. Ich war in Tränen aufgelöst. Da bot mir ein Mann an, mir zu helfen. Als unerfahrener Naivling, hatte ich das auch geglaubt. Plötzlich zog er mich in eine Ecke des Lebensmittelgeschäft „Konsum". Dort öffnete er seine und mir die Hose. Obwohl mich noch niemand aufgeklärt hatte, war mir klar: Das ist nicht in Ordnung! Außerdem galten meine Gedanken Mama, von der ich mich allein gelassen fühlte. Aber statt zu Mama führte er mich bzw. meine Hand in seine Hose. Noch hatte ich keinen blassen Schimmer, was er eigentlich wollte. Kurz – weniger emotional, aber zugegebener Maßen neugierig – berührte ich das, was mir da entgegen kam. Es war sein Schwanz. Ich fing an, zu heulen, immer vor mich hin, aber laut. Gegenüber diesem Laden war eine Wohnung, an der ich jeden Morgen auf dem Schulweg vorbei kam und die Bewohner grüßte, die aus dem Fenster lehnten. Mein Wunsch, dass sie mich aus dieser mehr als unangenehmen Situation befreiten, erfüllte sich leider nicht. Immerhin – dafür bin ich heute noch dankbar –, als ich zu laut heulte, fragte mich der Fremde, wo ich wohne. Ich erzählte ihm, dass niemand zu Hause wäre, aber in der Nähe eine Tante, Mamas Bekannte, wohnen würde: Frau Immich. Er brachte mich tatsächlich dorthin, klingelte, sprach kurz mit der Tante und lieferte mich bei ihr ab. Als Gegenleistung verriet ich ihn nicht. Vielleicht war es ein Fehler. Aber als Kind dachte ich nicht daran, dass er sich nun weiterhin an andere ranmachen könnte. Irgendwann kam Mama mit ihrem Sohn. Sie auf dem Beifahrersitz, er fuhr wie ein Rennfahrer. Ich weiß heute noch nicht, wie Mama mich gefunden hatte. Jedenfalls verbrachte ich die Nacht zu Hause und nicht in Tante Immichs Bett.

Von meinem Erlebnis habe ich Mama nie etwas erzählt. Die Tante habe ich nur noch einmal wiedergesehen, in ihrer Wohnung auf dem Totenbett. Damals war es noch zulässig, Verstorbene für kurze Zeit in der Wohnung aufzubahren.

19 Süße Zeiten

Eigentlich kann ich mich über die Nachkriegsjahre dennoch nicht beklagen. Ich hatte genügend Kleidung, vor allem eine Lederhose, und mehr als ausreichend zu essen, einschließlich Naschwerk. Anstelle von Schokolade begnügte ich mich mit einem Mix aus Kakao, der uns als Care-Paket erreichte, und Zucker pur. Wer konnte das damals schon? Sogar leckere und knusprige Waffeln bekam ich. Anni, Ferdinands Freundin, war bei der Firma Waffel- und Lebkuchen-Seim beschäftigt. Ein mittlerer, aber sehr feiner Betrieb mit hohen Qualitätsansprüchen. Die Firma lag unweit unserer Wohnung. Das Unternehmen wurde später von der Lebkuchen-Firma Haeberlein & Metzger übernommen, die auf Massenproduktion umstellte. Es gibt heute in Nürnberg nur noch einen Betrieb, der Lebkuchen handwerklich in höchster Qualität herstellt. Die Firma Düll ist ein Geheimtipp, … der jetzt keiner mehr ist. Tante Anni, so nannte ich Ferdinands Freundin, brachte immer „Waffelbruch" mit nach Hause, den sie bei der Firma Seim gegen geringes Entgelt erstand. Ostern gab es Hasen ohne Ohren, Weihnachten Weihnachtsmänner ohne Zipfelmütze, aber mit gebrochenen Gliedmaßen. Das Jahr hindurch gab es gefüllte und ungefüllte Waffelbrüche aller denkbarer Sorten.

20 Währungsreform

Ich erinnere mich noch an die Währungsreform. Mama hatte in den Nachkriegsjahren ein bescheidenes Vermögen in Reichsmark angesammelt. Nach heutigen Verhältnissen war sie immer noch arm. Durch die Währungsreform löste sich dieses Vermögen 1948 wieder in Luft auf. Mama erhielt vierzig Deutsche Mark als „Kopfgeld", später noch einmal zwanzig Deutsche Mark, – und das war es dann auch. In ihrer Verzweiflung fing sie wieder mit dem Holzhandel an. Es ist mir schlichtweg unbegreiflich, wie eine 48 Jahre alte Frau eine solche Energie entwickeln konnte, die sie zur erfolgreichsten Holzverkäuferin in Nürnberg und Umgebung machte. Einen Grund kannte ich allerdings bereits: Sie achtete wieder auf volle Holzkörbe; ganz im Interesse ihrer Kunden. Ich erinnere mich daran, wie sie den Lieferanten einmal stehenden Fußes nach Hause schickte. Mitten im Winter bei Eis und Schnee, in die Oberpfalz mit halbvollem Auto. Der Grund war, dass sie es sich mehrmals vergeblich verbeten hatte, zu viel Luft in den Lieferkörben zu lassen.

21   Der Nürnberger Christkindlmarkt

Ich war sechs Jahre alt und durfte mit Mama zur Eröffnung des Nürnberger Christkindlmarkts. Es ist Brauch, dass anlässlich der Eröffnungsfeier alle Lichter an den bunten, reizvoll geschmückten und dekorierten Buden gelöscht werden und dann der Balkon der Frauenkirche am Hauptmarkt angestrahlt wird, auf dem das Christkind erscheint. Eine Zeremonie, die mich heute noch bewegt. Nur war ich damals nicht irgendeiner von den Tausenden von Menschen, die staunend und ergriffen den Marktplatz belagerten. Ich war – von den Zuschauern aus gesehen – rechts auf einem Sitzplatz mit vielen anderen Kindern. Den Grund dafür kannte ich nicht. Nach den traditionellen Eröffnungsworten, mit denen das Christkind jedes Jahr vom Kirchenbalkon aus den Christkindlmarkt eröffnet, stand es vor uns Kindern. In einem weißen, langen und faltenreichen Kleid mit Fledermausärmeln, umrandet mit goldenen Streifen. Vom Christkind erhielt jedes Kind ein großes Paket. Eine Spende der Quäker oder der aufblühenden Industrie, wie ich später erfuhr. Ich konnte kaum das Ende der besinnlichen Feier erwarten, um Mama aufzufinden und um mit ihr schwer beladen und bepackt nach Hause zu gehen.

Dort angekommen stürmte ich in das Wohnzimmer und begann, das große Paket aufzureißen. Eine üble Angewohnheit, die ich bis zum heutigen Tag nicht abgelegt habe. Die eingepackten Süßwaren, so glaube ich mich zu erinnern, waren aus den USA. Darunter Schokolade und Kakao in Pulverform. Das eigentliche Geschenk war allerdings etwas anderes: eine stattliche Dampfmaschine mit Esbit-Antrieb! Kaum ein Mensch wird diesen Trockenbrennstoff heute noch kennen. Der Antrieb bestand aus einem rechteckigen Behälter mit Zugriff. In den Behälter unter den Dampfkessel wurden Esbit-Tabletten gelegt und angezündet. Diese erhitzten das Wasser in dem Kessel und der Wasserdampf bewegte dann ein Antriebsrad. Über einen Riemen wurde damit ein Schmied angesteuert, der auf ein Eisen hämmerte. Tagelang war ich von dieser Maschine nicht weg zu bekommen.

Weil ich gerade die amerikanischen Süßwaren erwähnte. Mir fällt ein, dass die amerikanischen Soldaten – insbesondere gegenüber Kindern – immer freundlich und „Menschen mit Herz" waren. Nürnberg war amerikanische Besatzungszone. Ich hatte die Besatzer nie angebettelt, denn das ließ mein Stolz nicht zu. Es war schon demütigend genug, wenn ein amerikanischer Uniformträger mir und anderen Personen entgegenkam, vorschriftsmäßig den Bürgersteig verlassen zu müssen. Nicht selten gaben mir amerikanische Soldaten mit freundlichen Worten Kaugummi, Schokolade oder Kekse. Verstanden habe ich nie etwas, weil ich der englischen Sprache nicht mächtig war. Aber es bedurfte auch keiner Worte, um zu begreifen. Meine Dankbarkeit hat sich bis heute erhalten. In den Kinderjahren hatte ich mir häufig gewünscht, einen der Soldaten als „Papa" zu haben. Denn ich hatte zunehmend das Gefühl, dass in Mamas Haushalt ein Mann fehlte. Ein Mann zur Stütze von Mama und ein Mann, an den ich mich auch einmal anlehnen konnte, wenn ich kleine oder große Sorgen hatte. Es blieb leider beim Wunsch.

22 Hasstiraden

In späteren Zeiten habe ich nicht verstanden, wie wir Deutsche manchmal die Amerikaner massiv beschimpft haben. Wenn Menschen anderer Nationalität mit Hasstiraden überschüttet werden, ist doch nicht das Volk gemeint, sondern die jeweilige Regierung. In der Regel halten wir das leider nicht auseinander. Vergessen sind die Zeiten der auch stillen Hilfen, die uns die Amerikaner in den Nachkriegsjahren haben zuteilwerden lassen. Ich denke außerdem an die „Rosinenbomber", die von Mitte 1948 ein Jahr lang die Berliner Bevölkerung mit allem versorgten, was zum Leben notwendig war.

23   Mein Milchkannen-Kunststück

Als kleiner Steppke ging ich am liebsten einkaufen. Nicht, weil mir dabei häufig amerikanische Soldaten über den Weg liefen. Ich fand es einfach toll, durch die kaputten Straßen zu schlendern. Auch wenn die Hausruinen, manchmal nur die Fassaden, wie zerstörte Zähne in den blauen Himmel ragten. Nürnberg, die „Stadt der Reichsparteitage", war neben Dresden Hauptzielscheibe der Alliierten. So sah Nürnberg auch aus. Diese Stadt war seit dem Mittelalter des „Reiches deutsches Schatzkästlein" gewesen. Diesen historischen Glanz hatte Nürnberg einbüßen müssen. Wenn ich einkaufen ging, hatte ich meistens eine größere und verbeulte Milchkanne aus dünnem Alu bei mir. Milch musste ich fast jeden Tag holen. Damals tauchte der Milchhändler, bei dem es nur Milch und -produkte gab, einen großen Schöpflöffel in die Milch, die sich offen in schweren, dicken Aluminiumkesseln befand. Mit geübter Hand entleerte er den Schöpflöffel in meine Milchkanne ohne einen Tropfen zu verschütten. Der Rückweg nach Hause war für mich deshalb beschwerlicher als der Hinweg. Das hinderte mich nicht daran, es anderen Kindern nachzumachen. Sie ließen ihre vollen Kannen, mit und ohne Deckel, kreisen. Ähnlich einem Riesenrad, nur schneller. Die Fliehkraft verhinderte, dass Milch verschüttet wurde. Ich musste da einfach mithalten und nach wenigen Tagen konnte ich das auch. Nur einmal gab es Ärger. Die Milchkanne hatte einen Henkel mit Holzgriff. Und dieser Henkel war links und rechts an Ösen befestigt. Bei meinem neu erlernten Kunststück lösten sich diese Ösen und die gefüllte Milchkanne schoss wie eine Rakete durch die Gegend. Landeplatz war ein riesiger Schutthaufen. Dazu passte nun auch meine Milchkanne. Zu Hause angekommen war Mama das gebeichtete Vorkommnis nur ein verkniffenes Lachen wert, obwohl sie sich natürlich entrüstet gab. Sie verzieh mir einfach alles.

24 Zerstörtes Nürnberg

Meine Freunde in der Nachbarschaft hatten viel Zeit. So zogen wir durch Nürnberg, vorbei an einer fast völlig zerstörten Stadtmauer und schwer beschädigten Türmen, an der Burg, dem Wahrzeichen der Stadt. Überall, soweit der Blick auch reichte, gebückte und schwitzende Trümmerfrauen. Sie schlugen den harten Zement von Ziegelsteinen und räumten in einer völlig zerstörten Innenstadt auf. Es war ein herzzerreißender Anblick, wie sich die Frauen mühten, Stunde um Stunde und nur mit kurzen Pausen. Hinweggeholfen haben den fleißigen Frauen wohl auch ihre Kontaktfreude, ihr Mitteilungsbedürfnis und auch ihr gemeinsames Schicksal. Denn viele wussten nicht, ob und wann sie ihren Mann, Partner oder Freund wiedersehen würden. Heute glaube ich, dass es auch die Liebe zur Vaterstadt war, die diese Reinigungs- und Aufbauwut beschleunigte. Im Nachhinein kann ich mich noch an die Auseinandersetzungen erinnern, die im Stadtrat, dem Gemeindeparlament, geführt wurden. Es ging darum, ob Nürnberg ein völlig neues und modernes Gesicht erhalten oder ob versucht werden sollte, die historische Altstadt wieder aufzubauen, soweit dies überhaupt möglich war. Es ist dem damaligen Oberbürgermeister Andreas Urschlechter (1957 - 1987) zu verdanken, dass das städtebauliche Kleinod Nürnberg wieder einigermaßen sein mittelalterliches Stadtbild bekam.

25 Insel Schütt und Nachtlauf

Wir, meine Freunde und ich, zogen durch das zerbombte Nürnberg und gründeten den „Verein der Inselbewohner". Wir besetzten nämlich die Insel Schütt. Ein Refugium innerhalb der Pegnitz, die durch Nürnberg fließt. Dort veranstalteten wir geheimbündlerische Nachmittage und auch Nächte, von der Angst verfolgt, von der Nürnberger Stadtpolizei entdeckt zu werden. Unser Ziel war die Eroberung des gesamten Stadtgebietes und, aus dem Untergrund heraus, eine Stadtregierung zu bilden. Aus dieser konspirativen Idee entwickelte sich auf seltsame Weise eine Art bescheidener Sportverein mit Schwerpunkt „Laufen". Geplant war ein Stadtlauf rund um Nürnberg. Das ist für einen gut Sechsjährigen schon sehr viel. Einmal starteten wir gegen acht Uhr abends von der Insel. Wo meine Freunde geblieben waren, wusste ich nicht. Aber als ich in der Frühe des darauffolgenden Tages nach Hause kam, war der Teufel los. Selbst Mama glaubte mir nicht, dass ich mehrere Stunden gelaufen war und dann keine Anzeichen von Müdigkeit zeigte. Wie ich das geschafft habe? Für mich heute noch ein Rätsel!

26 In die 1. Klasse

Ein Jahr nach der Währungsreform, 1949, kam ich in die Schule. Mit einer riesigen Schultüte, die ich kaum tragen konnte. Das musste sein, meinte Mama. Den ersten Tag in der Schule verkraftete ich locker. Schließlich war ich vorher ein Jahr in einem Kindergarten mit Erzieherinnen gewesen, die sich sehr um ihre Kinder kümmerten. Frau Klein war unsere Klassenlehrerin. Eine korrekte, aber auch einfühlsame kleine Person, zu der ich sofort Vertrauen hatte. Nur eines störte mich. Sie aß während des Unterrichts ständig Erdnüsse. Gestört hat mich weniger das Kauen, sondern weil ich selbst Erdnüsse mochte. Bei ihren Zeugnissen gab sich Frau Klein große Mühe. Sehr freundlich umschrieb sie, dass ich eigentlich ein Kotzbrocken sei, sie aber nicht umhin käme, meine Leistungen anzuerkennen. Das war korrekt.

27 Horst

In meiner Klasse war Horst. Er war ein körperlich behinderter, aber hochintelligenter Schüler, der im Verlauf der Schuljahre für mich ein Vorbild wurde. Er hatte Muskelschwund und konnte kaum mehr gehen, geschweige denn die Treppen hinaufsteigen, die zum Klassenzimmer führten. Es war wohl eine Eingebung, dass ich mich mit ihm anfreundete. Später wurde eine echte Freundschaft daraus. Ich half ihm über Stufen und sonstige Hindernisse bis zu seinem Sitzplatz in der Klasse. Wenn ich merkte, dass es ihm gesundheitlich nicht gut ging, kümmerte ich mich um ihn. Ich musste es nicht. Aber die Gleichgültigkeit meiner Mitschüler ging mir auf den Wecker. Schließlich brachte ich Horst nach Schulschluss nach Hause, wenn er von den Eltern nicht abgeholt werden konnte. Das habe ich gern und nicht uneigennützig getan. Denn, wenn wir in die Wohnung von Horst kamen, dann gab es etwas zu essen. Noch heute erinnere ich mich an die Bratkartoffeln mit Kümmel. Seit Jahren versuche ich, es Frau Dietrich, so hieß Horsts Mutter, gleichzutun. Bislang nicht so richtig erfolgreich. Sehr viel später, ich stand schon im Berufsleben, besuchte ich die Familie Dietrich. In der Hauptsache, um Horst wieder zu sehen. Leider wurde ich enttäuscht. Horst war schon Jahre zuvor gestorben. Aber seine Eltern freuten sich, als ich ihnen den Grund meines Besuches erklärte. Ihnen standen die Tränen in den Augen. Horst war ihr einziges Kind. Wehmütig sprachen wir über alte Zeiten und Erlebnisse. Nach dem Abschied fuhr ich traurig nach Hause.

28 Wir ziehen um!

Ich besuchte die dritte Klasse der Volksschule; heute nennt man sie Grundschule. Eigentlich kam ich ganz gut zurecht, auch dank Horst, der mir immer wieder mit seinem Wissen hilfsbereit zur Seite stand. Wie aus heiterem Himmel erklärte Mama eines Tages: „Wir ziehen um!" Ich wusste nicht, warum und in welche Wohnung wir umziehen sollten. Später erfuhr ich, dass sie beim Holzverkauf einen Amerikaner mit seiner deutschen Lebenspartnerin kennengelernt hatte. Sie bewohnten diese Wohnung, wollten aber gemeinsam in die USA auswandern. So wurde deren Wohnung frei und wir zogen in einer Nacht- und Nebelaktion aus unserer „Zwangsunterkunft" aus und in die neue Wohnung ein, – ohne das Wissen der Hauseigentümerin, Frau Müller. Eine resolute Dame, etwa im Alter von Mama. Am darauffolgenden Morgen hörte ich in aller Frühe im Treppenhaus eine wüste Schreierei. Es war wie auf dem Jahrmarkt. Mama und Frau Müller stritten sich wie die Bürstenbinder. Leider kann ich mich an die Wortwahl beider Damen nicht mehr erinnern. Sehr fein war sie nicht und eigentlich konnte in diesem Moment von „Damen" wohl kaum die Rede sein, allenfalls von dämlich. Nur etwas schnappte ich auf, es klang so ähnlich wie „Polizei" und „hinauswerfen". Nur der liebe Gott weiß, weshalb die beiden Charaktere im Laufe der Zeit eine freundschaftliche Beziehung entwickelten, die mich geradezu erstaunte.

Unser neues Zuhause war eine Mehrzimmerwohnung mit Küche und Bad. Ferdinand und ich hatten ein Zimmer als Schlafzimmer. Mama bekam das andere als ihr Schlafzimmer.

29 Mamas Bruder

Einige Wochen darauf kehrte wieder der Alltag ein. Mama hatte abermals begonnen, Brennholz zu verkaufen Ausnahmsweise begleitete ich Mama an diesem Tag nicht, ich blieb zu Hause. Ich hatte irgendeine stille Vorahnung, dass es ein unangenehmer Tag werden könnte. Mama kam dann völlig abgekämpft zurück. Ferdinand fing sie gleich ab. Ihrem Gespräch entnahm ich, dass es um Mamas Bruder ging.

Ich war damals dabei gewesen, als sie mit ihrem Bruder in seiner feudalen Wohnung ein Gespräch über das gemeinsame Erbe geführt hatte. Im Wesentlichen war es um das völlig zerstörte Mehrfamilienhaus in einem anderen Stadtteil gegangen. Selten habe ich so einen üblen und charakterlosen Menschen erlebt wie ihn. Mamas Bruder wohnte damals in einer unbeschreiblich schönen Wohnung, ausgestattet mit allem, was heute noch als modern zu gelten hat. Wertvolle Antiquitäten in allen Räumen, Stereolautsprecher, wo man sich in der Wohnung gerade aufhielt. Mama hatte ihn in dem Gespräch gebeten, ihr wenigstens einen kleinen Teil vom Vermögen, das die Eltern hinterlassen hatten, auszuzahlen. Ihr als Tochter stand das zu. Mit Eiseskälte lehnte er es ab und verwies auf sein Rundfunkgeschäft, das er sich noch vor der Währungsreform aufgebaut hatte. Er habe einfach kein Geld mehr, ließ er Mama wissen. Dies muss sie wohl Ferdinand erzählt haben.

An diesem Abend redete Ferdinand so lange auf die müde Mama und mich ein, bis wir am nächsten Tag gemeinsam das Rundfunkgeschäft in einem überwiegend zerstörten Stadtteil aufsuchten. Wir kamen nur bis zum Eingang, dann ging es schon zoffig los. Nachdem man sich erst einmal gegenseitig angeschrien und sich dabei alle Schandtaten vorgeworfen hatte, eskalierte die Situation. Der Bruder wurde von Ferdinand erst einmal windelweich geprügelt. Anschließend stürmte Ferdinand das mit Elektrogeräten gefüllte Lager, das sich neben dem Geschäft befand. Ich stand einfach nur heulend da. Mama war zutiefst schockiert über die Gewalt, die Ferdinand entwickelte. Dieser demolierte das gesamte Lager mit den damals neuesten Rundfunkgeräten. Mit nur ein paar

Blessuren verließ Ferdinand anschließend den Ort der Zerstörung und ging mit uns nach Hause.

Selten in meinem Leben war ich so froh, dass ein Mensch für seine niederträchtigen Schändlichkeiten eine gehörige Tracht Prügel bezogen hatte. Die Schlägerei war auch der letzte Kontakt zwischen Schwester und Bruder. Denn wenige Tage später setzte er seine Mutter, die bei ihm wohnte, einfach auf die Straße. Dann rief er Mama kurz an, um ihr mitzuteilen, sie könne ihre Mutter vor seinem Haus abholen. Natürlich machte das Mama sofort. So waren dann in unserer bescheidenen Unterkunft drei Generationen. Oma, so nannte ich sie, war etwas über 80 Jahre alt, aber noch sehr aufgeschlossen. Wir kamen äußerst gut miteinander aus.

30 Neue Schule, neue Probleme

Mit dem Umzug musste ich 1952 die Schule wechseln. Es war die Zeit des persönlichen Umbruchs. Ich war einfach nicht mehr in der Lage, meine Gedanken zusammenzuhalten und zu lernen. Irgendetwas beunruhigte mich. Die ansonsten immer überlegt handelnde Mama war auf einmal reichlich unsortiert und nervös. Den Grund dafür erfuhr ich erst sehr viel später. Meine Versetzung in die vierte Klasse war in allerhöchstem Maße gefährdet. So jedenfalls der neue Klassenlehrer, Herr Rosenschon. Mama war sehr besorgt. Sie fragte sich, ob sie mich vernachlässigt hatte, denn durch ihren Holzhandel war sie tagsüber nicht zu Hause. Daher machte sie sich große Vorwürfe und gab sich die Schuld an meinem schulischen Versagen. Manchmal ist der Teufel ein Eichhörnchen. Mama kannte meinen Klassenlehrer aus vergangenen Zeiten, keine Ahnung woher und seit wann. Auf vielfachen und verzweifelten Wunsch von Mama besuchte uns Herr Rosenschon zu Hause. Sie redete auf diesen schlanken, pfiffig dreinschauenden Mann ein wie auf einen tauben Fisch. Alles bekam ich nicht mit, weil mich Mama öfter aufforderte, das Zimmer zu verlassen. Das Gespräch dauerte sehr lang, aber Mama schaffte es, dass mich mein Klassenlehrer in die vierte Klasse mitschleifte.

31 Der Blindgänger am Lamaberg

Eines Tages saß ich wieder fast teilnahmslos im Klassenzimmer und überlegte, was Mama so beunruhigte. Dabei fiel mir an der Wand die Seite eines Boulevardblattes auf, das damals für zehn Pfennig zu haben war. Was ich unter der großen Überschrift las, erschütterte mich zutiefst. In der Nähe unserer früheren Zwangswohnung, die wir vier Wochen vorher verlassen hatten, war der Lamaberg, ein Berg aus Lehm, mit unregelmäßigen Höhen und Tiefen. Meine Freunde und ich hatten am Lamaberg jeden Tag gespielt. Nun las ich, dass der halbe Berg durch die Explosion eines Blindgängers in die Luft geflogen war. Fünf meiner besten Freunde hatte es dabei zerrissen. Sie hatten ihr junges Leben verloren und ich hätte der sechste sein können.

32 Was Mama beunruhigte

Kaum hatte ich in der Schule etwas Fuß gefasst, weihte mich Mama in ihre Sorgen ein. Einfühlsam und traurig brachte sie mir schonend bei, dass ich sie vorübergehend verlassen müsste. Die Behörden hätten nun meine leibliche Mutter gefunden; sie sei verheiratet und lebe unter dem Namen ihres Mannes in Kiel. Ich sollte sie besuchen, eine Frau, die mich nach meiner Geburt einfach im Krankenhaus hatte liegen lassen. Ich verstand nur Bahnhof, weil ich immer davon ausgegangen war, dass Mama auch meine echte, leibliche Mutter war. Mama hatte darüber nie ein Wort verloren. Als Mama mir mitteilte, was mir bevorstand, war ich wie vom Donner gerührt. Für mich war einfach unvorstellbar, dass ich meine über alles geliebte Mama, wenn auch nur vorübergehend, verlassen muss. Dass es nur vorübergehend wäre, glaubten weder Mama noch ich. Wir ahnten, dass es ein endgültiger Abschied werden sollte. Ich hätte es am liebsten meinem Erzeuger gleich getan: auf und davon. Ich war nicht in der Lage, einen klaren Gedanken zu fassen, und fragte mich, was ich bei einer Frau sollte, die ich nicht kannte und zu der ich künftig „Mutter" sagen müsste. Ich verstand die Welt nicht mehr. Schließlich verkroch ich mich unter das Sofa und war für niemanden zu sprechen, stundenlang nicht. Es halfen keine mitfühlenden und tröstenden Worte von Mama, die eigentlich selbst Trost brauchte, ich blieb, wo ich war. Es war weit nach Mitternacht, als ich körperlich und auch seelisch völlig erschöpft meine hölzerne Schlafstelle verließ und mich zu Mama ins Bett legte. Dort weinten wir bis zum frühen Morgen. Mit Fassung versuchte ich, mein neues Schicksal zu meistern. Die Tage waren gezählt und ich beschäftigte mich damit, meinen Koffer zu packen. Dabei weigerte ich mich, auch nur einen Teil meiner Spielsachen mitzunehmen, weil ich hoffte, in kurzer Zeit wieder zu Mama zurückkehren zu können. Dieser Gedanke gab mir Mut.

33 Von Mama zu Mutter

Irgendwann war es soweit und ich saß in einem Zug nach Kiel, nicht ahnend, was mich dort erwarten würde. Nach stundenlanger Fahrt hielt der Zug endlich in Lüneburg. Es überfiel mich ein grenzenloses Selbstmitleid, das sich in ebenso grenzenlosen Zorn wandelte. Meinem Oberfürsorger, der mich auf der Fahrt begleitete bzw. auf mich aufpasste, erklärte ich, dass ich einem dringenden Bedürfnis nachkommen müsste. Nach seiner Zustimmung rannte ich in Richtung Zug-WC, sprang aber aus dem Zug und flüchtete über den Bahnsteig. So schnell mich meine Beine trugen, rannte ich auf Umwegen zum Ausgang des Lüneburger Hauptbahnhofes. Dort angekommen, wusste ich nicht mehr weiter. Eine fremde Stadt, was sollte ich dort? Kein Mensch kümmerte sich um mich. Weshalb auch? Als ich so ahnungslos auf dem Bahnhofsvorplatz herumstand und mir meiner hoffnungslosen Situation bewusst wurde, umkreisten mich Uniformierte. Es waren Polizisten. Auf Verbrecherjagd, dachte ich. Dass die ausgerechnet mich sprechen wollten, kam mir nicht in den Sinn. Schließlich war ich erst vor ein paar Minuten abgehauen. Aber sie interessierten sich tatsächlich für mich, schneller als mir lieb war. Nicht gerade sanft schnappten mich die Uniformierten und trugen mich wild zappelnd zurück in den Zug. Unterstützung bekamen meine Kidnapper von meinem aufgeregten Oberfürsorger, der uns inzwischen gefunden hatte.

Das war ein Erlebnis und eine Anhänglichkeit besonderer Art. Es war bereits das dritte Mal, dass ich in meinen jungen Jahren mit der Polizei zu tun hatte. Für einen Minderjährigen reichlich oft und fast wären die Ordnungshüter mir ans Herz gewachsen. Natürlich war mein Oberfürsorger nicht nur völlig verschwitzt, sondern auch stinksauer. Im Nachhinein habe ich dafür sogar Verständnis.

Die Fahrt ging gemeinsam weiter. Von Lüneburg über flaches Land, dessen größte Erhebung ein Maulwurfhügel war, über Hamburg nach dem mir unbekannten Kiel. „Landeshauptstadt" hatte ich irgendwo gelesen, aber das hatte mir eigentlich gar nichts gesagt. Wie auch, einem kleinen Mittelfranken an der Ostsee. Und zu allem Überfluss konnte ich kein Hochdeutsch. Ich sprach ausnahmslos reinen Nürnberger Dialekt. Eine sehr eigenwillige Sprache, die mit dem fränkischen Umgebungsdeutsch kaum etwas gemein hat.

Mein Oberfürsorger und ich stiegen am unfreundlichen und kahlen Kieler Hauptbahnhof aus dem Zug. Auf dem breiten Bahnsteig wurde ich von einer strohblonden Frau und einem gut aussehenden Mann empfangen, dessen schwarze Haare mir aufgefallen waren. Ich schätzte beide auf ca. 30 Jahre, was sich später bestätigen sollte. Die Frau mit roten Nelken in der Hand und kaltfreundlichem Gesichtsausdruck, er äußerst skeptisch dreinschauend, ein wenig die Oberlippe verziehend. Plötzlich war der Oberfürsorger nicht mehr zu sehen. Später habe ich erfahren, dass er „aus dienstlichen Gründen" gleich mit dem nächsten Zug nach Nürnberg zurück musste. Wieder eine, wenn auch kurzzeitige, Bezugsperson weniger.

34   Angekommen und doch nicht da

Da stand ich nun vor zwei Personen, die ich nicht kannte und denen man ihre Vorbehalte förmlich ansah. Sprachlosigkeit auf allen Seiten, eisiges Anschweigen. Bis die fremde Frau mit gespielter Freundlichkeit zu mir sagte: „Ich bin deine Mutter und das ist dein Vater". Ich begriff in diesem Augenblick überhaupt nichts, hörte die Worte, konnte damit aber in dem Moment nichts mit ihnen anfangen. Die Blumen, es waren scheußlich tiefrote Nelken, wollte ich nicht. Die Frau musste sie behalten bis zur Wohnung, die nicht meine war. Seit dieser Zeit hasse ich Nelken, egal in welcher Farbe. Ich verbinde mit dieser Blumensorte stets Beerdigungen und andere traurige Anlässe. Für mich war es vielleicht auch eine Beerdigung. Denn zu Grabe getragen wurde mein enges Verhältnis zu Mama, deren aufopferungsvolle Zuwendungen und – wie ich später feststellen sollte – meine Unbekümmertheit und meine persönliche Freiheit.

Nach einer längeren Straßenbahnfahrt und anschließendem kurzen Fußweg standen wir vor einem dreistöckigen Klinkergebäude, eines von mehreren. Alles Häuser der damaligen „Neuen Heimat", eine ehemals gewerkschaftliche Siedlungsgenossenschaft, deren Machenschaften später bundesweit Schlagzeilen machten. In der mir fremden Erdgeschosswohnung angekommen, war ich immer noch wie gelähmt und auch sprachlos. Doch der zweite Schock sollte gleich folgen. Sinniger Weise wohnten die neuen Eltern in einer Straße, nomen est omen, die sich „Elendsredder" nannte. Als ich das nach Monaten realisierte, wusste ich nicht, ob ich lachen oder weinen sollte. Irgendwann konnte ich über die Adresse lachen. Denn ein späterer Nürnberger Oberbürgermeister wohnte in jungen Jahren in unmittelbarer Nähe; in einer Nebenstraße mit unauffälligerem Namen. Im Hinterhof spielte er gern mit Schiffsmodellen, um die ich ihn beneidete. Ich hatte ja alle meine Spielsachen bei Mama in Nürnberg zurück gelassen.

Wir waren gerade in der Wohnung meiner neuen Eltern angekommen, als plötzlich aus irgendeinem Zimmer ein kleiner Junge kam. Die Frau, die mich mit ihrem Mann in die Wohnung geführt hatte,

erklärte mir lapidar: „Das ist dein kleiner Bruder." Er war vier Jahre alt. Ich dachte, schlimmer kann es nicht kommen. Doch es kam schlimmer. Es gab auch noch Oma und Opa, die alle unter einem Dach bzw. in der Zweizimmerwohnung wohnten. Eines der zwei Zimmer hatten Oma und Opa „väterlicherseits". Mir kam die Wohnung vor wie ein Wohnklo mit Kochnische. Über die Frage, wer wo schläft, konnte ich überhaupt nicht nachdenken. Oma und Opa und auch mein Bruder waren zunächst ausgesprochen reserviert. Das kam meinem Gemütszustand sehr entgegen, weil auch ich kaum ein Wort über die Lippen brachte und das tagelang nicht. Mutter und Vater schliefen übrigens auf einer herausgezogenen Doppelbettcouch im Wohnzimmer. Oma und Opa nächtigten in einem gemeinsamen Bett, das in einem kleinen Zimmer stand. Darin stand ein weiteres Bett für mich und meinen Bruder.
Später löste sich das Problem biologisch. Opa verstarb an Lungenkrebs und Oma zog aus in eine Single-Wohnung. Dafür zog dann Vater zu uns ins Zimmer und Mutter schlief auf der Couch im Wohnzimmer.

Von Anfang an war die Schlaferei für mich ein Drama. Nicht, weil ich mit meinem Bruder ein Bett teilen musste. Weit gefehlt. Aber mitten in der Nacht wurde es mir regelmäßig warm ums Herz. Mein Bruder war Bettnässer. Das ist so selten nicht. Ein zweites Kind kann die Ursache sein, dass das bisher einzige Kind anfängt, Bettpinkler zu werden. Hinzu kam, dass Bruderherz, an den ich mich ja auch noch gewöhnen musste, mondsüchtig war. So passierte es öfter, dass er um Mitternacht aufstand, die Wohnung verließ, über den Hausflur schwebte und beim Nachbarn geradewegs vor die Wohnungstür pinkelte. Dann kam er zurück, legte sich wieder ins Bett und schlief weiter, als sei nichts gewesen. Am nächsten Morgen erinnerte er sich an gar nichts – an rein gar nichts. Meine neuen Eltern hatten mir vorher aufgetragen, daher nachts auf meinen Bruder zu achten, um seine mondsüchtigen Ausflüge zu verhindern. Dazu war ich aber nicht in der Lage. Denn mein Schlaf war tief und wenn ich die Ausflüge meines Bruders gemerkt hätte, wäre es schon zu spät. Als völlig ungerecht empfand ich es daher, dass ich im nächsten Morgen von meiner Mutter eine Watschen bekam, denn ich hätte ja auf meinen Bruder besser aufpassen sollen.

35 amamaladnamalahamadaham

Schulmäßig kam ich aus der vierten Klasse meiner Nürnberger Volksschule. Eingeschult wurde ich deshalb in die vierte Klasse in Kiel. Es war eine notdürftig renovierte Kaserne aus dem Dritten Reich. Sie war einfach zur Schule umfunktioniert worden. Eine etwas traurige Bildungseinrichtung. Immerhin schrieben wir bereits das Jahr 1953. Nun gut, wer kann sich seine Schule schon aussuchen. Mein erster Klassenlehrer, Werner hieß er mit Nachnamen, war ein Pädagoge, wie man ihn heutzutage mit der Lupe suchen muss. Weil ich nur, gelinde ausgedrückt, fränkischen Dialekt sprach, hänselten mich meine Schulkameraden bis aufs Blut. Eine Dialekt-Kostprobe aus Nürnberg? Hier ist sie:

„amamaladnamalahamaadaham"
(Auflösung letzte Seite)

Ich fühlte mich ausgegrenzt. Weil ich ohnedies die vierte Klasse in Nürnberg nur durch Mamas gutes Zureden erreicht hatte, blieb ich nun natürlich in Kiel völlig hängen. Hinzu kamen Klassenkeile, weil mich keiner meiner Mitschüler richtig verstehen konnte, der Klassenlehrer nur mit großer Anstrengung.

Dass ich mich habe nicht unterkriegen lassen, verdanke ich dennoch ausschließlich meiner neuen Mutter. Sie hatte schwer darunter zu leiden, dass sie der stiefväterlichen Verwandtschaft plötzlich ein Kind vorstellen musste, das nicht von ihrem Ehemann war. Wie ich später erfuhr, hatten die beiden meine Existenz und meine Ankunft bis zuletzt verschwiegen. Die nette Verwandtschaft lästerte nicht selten über Mutters Vorleben und über mich, den „Bankert". Was so viel heißen sollte wie: der ehrlose Ableger einer Frau, die vom Nuttenleben nicht weit entfernt war. Das hatte Mutter und mich auf die Palme gebracht. Sie kämpfte für mich wie eine Löwin. Ohne Rücksicht auf sich selbst. Ich merkte allmählich, wie der Hase lief, und deshalb glaubte ich, Mutter etwas schuldig zu sein, und gab mir in der Schule wesentlich mehr Mühe. Ich hatte dann nur noch einen dialektbedingten Fehler im Diktat. Wenn ich mich daran erinnere, dann muss ich heute noch schmunzeln. Herr Werner, der Klassenlehrer, diktierte einen Satz und am Schluss sagte er: „Semikolon". Das Wort kannte ich nicht und habe es annähernd buchstabengetreu wiedergegeben, gerade so, wie ich es verstanden hatte. Aus dem Land der Franken kannte ich nur den „Strichpunkt". Woher sollte ich wissen, dass er sich an der Küste einen anderen Namen gegeben hatte? Nachts, zwischen „siehst mich nicht und Morgengrauen", büffelte ich mit Mutter das Einmaleins. Die Frau gab keine Ruhe. Ich heulte nicht selten, weil ich sehr müde war, mich nicht mehr konzentrieren konnte und schlafen wollte. Das beeindruckte meine Mutter überhaupt nicht.

36   Psyche & Psychologie

Ich muss in einer merkwürdigen psychischen Verfassung gewesen sein. Denn ich hatte alles vergessen, was ich in meinen ersten dreieinhalb Schuljahren gelernt hatte. Meine neue Situation beschäftigte mich so sehr, dass einfach kein Platz mehr für die Schule war. Das war aber für mich kein Drama. Von empfundener seelischer Belastung oder einem zu behandelnden Trauma oder (geistiger) Überforderung konnte keine Rede sein. Davon hatte mich nichts erreicht. Im Gegenteil, so behaupte ich, es hat mich für mein weiteres Leben vorbereitet und gestärkt. Zugestanden, ich kann mit Psychologen, Psychagogen usw. heute noch nicht viel anfangen. Schon deshalb nicht, weil ich – ziemlich am Anfang meines Berufslebens – mit Sozialarbeitern und Psychologen beiderlei Geschlechts in einer sozialen Einrichtung zusammengearbeitet habe und das mit nur mäßigem Erfolg. Das lag aber auch an mir, weil ich zu den Realisten und zu den Praktikern gehöre. Dass aber irgendetwas an meinem seelischen Gleichgewicht arbeitete, merkte ich selbst. Ich brauchte und suchte die Ruhe, kostete es, was es wollte.

Da erinnerte ich mich an die mir zugeschriebenen schauspielerischen Fähigkeiten. Mama war mit mir früher durch die Gegend getigert und hatte für mich Möglichkeiten für ein Casting gesucht. Aber entweder sah ich dabei aus wie ein Tölperl oder es war gerade keine geeignete passende Rolle verfügbar, die ich hochkünstlerisch hätte besetzen können. Später klappte es. Ich wurde Politiker, Kommunalpolitiker.

37 Kinderlähmung?!?

Eines Tages hielt ich mich im Schlafzimmer auf, das ich mit Vater und Bruder teilte, und tat so, als würden meine Beine versagen. Ich fiel einfach um. Meine Beine versagten – überwiegend. Im Gegensatz zu mir waren die Eltern ratlos. Sie hatten aber wohl auch keine Lust, ein Kind durch die Wohnung zu tragen: zum Essen, zum Toilettengang oder einfach ins Bad, um sich zu waschen. Der Hausbesuch eines Arztes war meine Rettung. Er bescheinigte mir und den Eltern: „Verdacht auf Kinderlähmung!". Ich war sehr glücklich und strengte mich die nächsten Stunden an, dass selbst in unbeobachteten Augenblicken keine Laufbewegung erkennbar war. Dann vernahm ich schon das Tatütata des Krankenwagens und mir nichts dir nichts war ich in einem Krankenhausbett der Städtischen Krankenanstalten Kiel. In einem Zimmer mit zwei Betten. Dort wurde ich untersucht und auf den Kopf gestellt. Die Blutentnahme war dabei noch einfach. Aber die Funktionalitätsprüfung der unteren Extremitäten war für mich schon schlimmer. Musste ich doch sicherstellen, dass beide Beine auch mit der von mir gewollten Schlaffheit reagierten. Als der Arzt mich nahm und hochhob, klappten die Beine zusammen wie ein Klappmesser. Das war für mich ganz schön anstrengend, weil ich ja auch eine Trauermiene aufsetzen und glaubhaft vermitteln musste, krank zu sein.

Mein Bettnachbar, keine dreißig Jahre alt, hatte Asthma und hustete ständig. Aus dem tiefsten Inneren heraus. Den Auswurf stieß er aus der Speiseröhre direkt in einen neben seinem Bett stehenden Spucknapf. Das war für mich weder akustisch noch optisch angenehm. Am schlimmsten war es, wenn er zweimal täglich zwei Esslöffel Rizinusöl einnehmen musste. Wofür es gut sein sollte, wusste ich damals nicht. Ich war ja kein Arzt. Bevor er seine flüssige Medizin zu sich nahm, schrie er aus Ekel wie am Spieß. Für jeden Löffel Rizinusöl benötigte er mindesten dreißig Minuten. Irgendwann hatte er es aber immer geschafft. Dann kam die Nacht. In den ersten Tagen konnte ich schlecht einschlafen. Nur spät und nach völliger Erschöpfung fiel ich in den Tiefschlaf. Denn beim Einschlafen sah ich immer Kakerlaken in Kompaniestärke die Wand entlang laufen – ohne zusammenzustoßen. Eigentlich bin und war ich ein geselliger Typ. Aber mussten es ausgerechnet Kakerlaken sein, mit denen ich mich zwangsweise anfreunden sollte? Ich beobachte sie stets mit gehörigem Respekt, weil ich Angst hatte, sie kämen vielleicht einzeln oder im Rudel zu mir ins Bett. Kakerlaken sehen in der Nacht alle gleich aus. Dennoch versuchte ich, jeder einen Namen und ihnen dann Kommandos zu geben. Das klappte aber merkwürdigerweise nicht. In solchen Momenten fragte ich mich, ob es bei den neuen Eltern nicht doch besser wäre. Aber dann entschloss ich mich, doch hierzubleiben.

Zu den Untersuchungen gehörte auch eine Rückenmarkpunktion. Die verwendete Nadel fühlte sich an, als wäre sie mindestens zwei Meter lang. Das Einführen der Nadel war ja noch zu ertragen. Als die Ärzte aber versuchten, sie wieder herauszuziehen, versetzte es mir einen fürchterlichen elektrischen Schlag. Das Berühren einer Starkstromleitung konnte nicht schmerzhafter sein, sieht man einmal von Verbrennungen ab. Die Ärzte waren ratlos. So oft sie mich anfassten, erhielt ich diesen Schlag, den ich auch heute noch nicht vergessen habe. Die Ärzte bekamen die lange Nadel einfach nicht mehr aus meinem Körper und holten schließlich den Chefarzt. Bis heute weiß ich nicht, wie er es anstellte, mir die Nadel mit der Rückenmarkprobe aus dem Körper zu ziehen. Eines weiß ich aber noch ganz genau: Ich stand sekundenlang völlig unter Strom und brüllte das ganze Krankenhaus zusammen, bis der Chefarzt nach einer gefühlten Ewigkeit endlich die Nadel entfernt hatte. Völlig erschöpft wurde ich in mein neues Einzelzimmer gebracht. Dort lag ich dann fast vier Wochen, während die Ärzte über meine Befunde rätselten, – und keiner fand die Ursache meiner Beinlähmungen. Wie auch? Ich konnte ja laufen und war auch sonst nicht krank.

Bei meiner Entlassung wurde meinen Eltern geraten, mir viel Ruhe angedeihen zu lassen und mich körperlich zu schonen. Genau so hatte ich mir das Ende des Krankenhausaufenthalts gewünscht! Und die Eltern hielten sich längere Zeit an den ärztlichen Rat. Dieses ganze Theater erkläre ich mir im Nachhinein als Hilferuf, als eine andere Art, Liebe und Geborgenheit einzufordern. Psychoanalytikern stehen andere Deutungen frei.

38 Meine zwei Baustellen

Noch war ich, trotz sechswöchiger Ausfallzeit, in der vierten Klasse der Volksschule in Kiel und versuchte, mich durchzukämpfen. Mein bescheidenes Wissenspotenzial war bis zum Schuljahrsende immer noch nicht auf dem Stand eines norddeutschen Volksschülers. Ganz im Gegensatz zu heute; da angeblich nun die bayerischen den norddeutschen Schülern überlegen sein sollen. Doch meine Versetzung war gefährdet. Ich hatte kein Trauma, ich war nur, im Gegensatz zu meinen Mitschülern, doppelt gefordert, denn ich hatte mich um zwei „Baustellen" zu kümmern. Insgeheim dachte ich mir, wenn ihr den Kampf unbedingt wollt, – von mir aus gerne. Ich musste zwar nach der Schule noch jobben und auf dem Markt Obst und Gemüse verkaufen, für fünf Mark am Vormittag. Das war nicht selten der Tageslohn des aus Polen stammenden Ehepaars, für das ich arbeitete. Denn nach dem Markt mussten die Obst- und Gemüsekisten wieder gefüllt und in das Lager gefahren werden. Es befand sich an einem alten, baufälligen Wohnhaus des Ehepaares.

Ich erinnere mich noch an einen kalten und schneereichen Wintertag. Ich musste wieder mithelfen, die Obst- und andere Kisten im Lager abzuladen. Große und schwere Kisten, gefüllt mit Kohlköpfen, waren vom Fahrzeug zu holen und davor abzustellen. Eine dieser schweren Kisten hievte ich vom Lkw. Sie war für mich eigentlich zu schwer und dennoch bekam ich sie mit Müh und Not vom Wagen, konnte sie aber nicht halten. Die Kiste und das Gemüse landeten vor dem Fahrzeug, ohne dass es so richtig krachte. Das Ehepaar hatte eine kleine, pechschwarze neugierige Katze. Sie lag unter der Kiste. Ich hatte sie nicht gesehen und versehentlich mit der schweren Kiste erschlagen. Weil sie wohl doch noch zuckte, blieb der Katze ein qualvoller Tod erspart, da der Ehemann mit seinem Spaten nachgeholfen hatte. Ich brauchte Wochen, um dieses grausige Erlebnis aus dem Kopf zu bekommen. Das ist mir wohl nicht gänzlich gelungen, sonst würde ich mich heute nicht mehr an das traurige Ereignis erinnern.

Heute habe ich zwei rabenschwarze Katzen. Bombays heißt die Zucht, auch Pantherkatzen genannt. Alles, was der kleinen toten

Katze in ihrem kurzen Leben nicht gegönnt war, bekommen nun meine Katzen. Die halten sich sozusagen „Personal". Damit ist schon alles gesagt.

39 Jobs und Ausrutscher

Mit einem alten, klapprigen Fahrrad in und um Kiel eine Zeitschrift zu verteilen und dabei Kunden zu werben, war ein weiterer meiner Jobs. Es gab damals in Kiel die Großwäscherei Greve, bei der ich außerdem noch als Wäschezusteller jobbte. Ich wollte mich bei meiner strengen Mutter einschmeicheln und nahm Ausbesserungsmaterial an mich. Das waren Seiden- und andere Garnrollen, die zum Ausbessern beschädigter Wäsche dienten. Ich flog auf und wurde natürlich sofort entlassen. Auf dem Heimweg schämte ich mich fast zu Tode und erzählte niemanden davon. Nach wenigen Tagen kam ein Firmenvertreter zu uns und erzählte alles brühwarm der Mutter und dem Vater. Daraufhin explodierte die bessere Hälfte der Mutter, bat mich ins Schlafzimmer und dort musste ich die Hose ausziehen. Die anschließenden Prügel habe ich gut verkraftet. Aber irgendwie fühlte ich mich durch die heruntergezogene Hose entehrt. Das war der eigentliche Schmerz, den ich empfand. Ich möchte nicht behaupten, dass der Firmenvertreter befriedigt war, aber zufrieden war er zumindest. Der Vorfall hatte keine weiteren Konsequenzen, – außer dass ich mich wochenlang wegen des bloßen Hinterns zusätzlich schämte. Vor Vater, der eigentlich mein Stiefvater war. Er war eine ausgesprochen ausgleichende Persönlichkeit, die mich manchmal vor den Macken der Mutter beschützte. Bei ihm spürte ich eine Art von Geborgenheit, obwohl gerade seine Verwandtschaft auf Mutter und mir rumhackte, was das Zeug hielt. In einem Anfall von Ehrlichkeit sagte Mutter einmal: „Wenn du mir wieder Schande bereitest, dann bleibe blöd! Wenn du dich nicht änderst, wirst du bei der Müllabfuhr landen!" Müllabfuhr war damals ein Schimpfwort. Heute ist es ein anerkannter Berufszweig mit fixen Mitarbeitern. Manche Leute sehnen sich heute nach einem solchen Job.

40 Kontaktschwierigkeiten

Zwischendurch dachte ich häufig an Mama. Meine neuen Eltern hatten mir jeglichen Kontakt mit ihr verboten. Kein Brief, kein Telefonat. Mama war immer noch der Mittelpunkt meines Lebens und mit Mutter entstand lange Zeit keine emotionale Beziehung. Irgendwann wurden „meine Eltern" vom Jugendamt Nürnberg aufgefordert, wenigstens den Briefwechsel zuzulassen. Diese Aufforderung respektierten sie. Nicht ohne vorher meine Briefe und nachher die Antwortbriefe von Mama zu lesen. Ich unterlag einer ständigen Kontrolle. Meine Taschen, Hosentaschen und sonstige Aufbewahrungsmöglichkeiten wurden täglich gefilzt. Dieses rücksichtslose Vorgehen und mein Hass dagegen haben sich so verinnerlicht, dass ich heute noch ausraste, wenn ich den Eindruck habe, es kontrolliert mich jemand in unberechtigter und unzulässiger Weise.

41 Traurige Weihnachten

Die Weihnachtstage waren für mich nunmehr jahrelang eher traurige Festtage. Besondere Geschenke konnten sich meine Eltern nicht leisten. So erhielt ich Schulhefte, Lesebücher, Bleistifte und sonstige Gebrauchsartikel für die Schule. Auch eine Trainingshose lag einmal unter dem Weihnachtsbaum. Meinem Bruder ging es damals etwas besser. Er erhielt von der Verwandtschaft väterlicherseits Spielsachen, Spiele-Sammlungen und was einem Kind Freude bereitet. Drei Personen hatten aber stets daran gedacht, dass auch ich noch ein Kind war. Eine Tante, die Schwester meines Vaters, und ihr Ehemann achteten peinlichst darauf, dass mein Bruder und ich von ihnen gleich behandelt wurden. Das war auch bei Tante Lida der Fall. Sie schenkte mir zu irgendeinem Weihnachtsfest ein großes, ledernes Maniküre-Set. Im Grunde war es mir furchtbar egal, ob und von wem ich aus besonderem Anlass Geschenke erhielt. Zu diesen Anlässen zog ich mich gern zurück, soweit es die Räumlichkeiten zuließen. Ich dachte dann an Mama und weinte still vor mich hin.

42 Schlagende Argumente

In der Schule kämpfte ich mich durch, von Klasse zu Klasse. Ich hatte mein Leben neu im Griff. Jede freie Minute versuchte ich, zu lernen. Ich ließ mich durch nichts beirren. Auch nicht durch eine Schlägerei mit einem Nachbarskind, das alle anderen Kinder in der Umgebung ständig drangsalierte. Eines Tages kam mir dieser schräge Vogel auf dem Gehweg entgegen. Ich trug einen Karton voll roher Eier vorsichtig nach Hause. Wer versuchte, mir diese zur damaligen Zeit wertvolle Ladung aus der Hand zu schlagen? Genau dieser aggressive Typ von nebenan! Kurzerhand stellte ich den Eierkarton ab und drückte dem bescheuerten Trottel meine Faust ins Gesicht, sodass er weinend nach Hause lief. Fortan hatten die Nachbarkinder und ich Ruhe. Nur einmal nicht. Mein Bruder meinte, bei seinen Streitereien mit Spielkameraden ständig damit drohen zu müssen, den „großen Bruder" zu holen. Das ging mir ordentlich auf den Senkel. An irgendeinem Tag sahen Vater und ich aus unserem Schlafzimmerfenster, wie der „Lütte", so wurde mein Bruder auf Plattdeutsch genannt, sich schon wieder mit anderen in den Haaren hatte. Sie prügelten sich. Vater forderte mich auf, meinem Bruder zu helfen. Das lehnte ich mit der Begründung ab, dass jeder für seine Untaten selbst verantwortlich wäre. Ich fand dieses Haltung völlig korrekt, – aber nicht mein Vater. Denn er verprügelt mich, weil ich seinem Sohn nicht beistehen wollte. Ich nahm ihm das später nicht übel, denn er wusste ja nichts von den dummen Einfällen und Streitigkeiten seines Sohnes, – aus denen er sich herausmogeln wollte, indem er mit mir drohte.

43 Meine Kindheit: Arbeit, Prügel, Schule

Mutter trieb mich voran wie ein Jäger den Keiler im Wald. Es war ihr trotz meiner Lernbereitschaft und auch Lernwilligkeit nie genug. Ich hatte das Gefühl, dass ich das liefern sollte, was ihr die liebe Verwandtschaft vorenthielt. So musste ich das ausbaden, was die anderen falsch gemacht hatten. Das hatte ich bereits erwähnt. Ein schulischer Fehler, für den ich mich zu entschuldigen wagte, oder eine Auffälligkeit zu Hause, – sie ahndete dies häufig gleich mit einem Schlag ins Gesicht, egal was sie gerade in der Hand hielt. Meistens einen Handfeger, um mir zu zeigen, was Ordnung ist. So verbrachte ich meine Kindheit bis zur Konfirmation mit Arbeit und Prügel. Vormittags ging ich in die Schule, nachmittags fuhr ich Zeitungen aus oder schleppte auf dem Wochenmarkt Transportkisten und bediente Kunden. Weil wir noch eine Holzofenheizung hatten, die befeuert werden wollte, war es abends meine Aufgabe, die schmalen, verdrahteten Obstkisten befeuerungsreif zu zerlegen. Als Kind war ich jeden Tag mehr als ausgelastet, denn Hausaufgaben waren auch noch zu erledigen.

Irgendwann wurde es mir doch zu viel. Vor allem deshalb, weil ich von meinem bescheidenen Ausnutzungslohn auch noch alles zu Hause abliefern musste. Das wurmte mich sehr und immer mehr, dass es irgendwann zu einem sehr heftigen Streit zwischen Mutter und mir kam. Dabei schlug sie mir mit dem Handfeger mitten ins Gesicht. Ich warnte Mutter davor, mich noch ein einziges Mal so zu schlagen, das würde ich mir nicht mehr gefallen lassen. Diese für sie unglaubliche Bemerkung erzählte sie abends Vater. Als der das gehört hatte, stand er auf und versuchte, mich – ohne ein Wort zu sagen! – zu verprügeln. Ich stand gerade vor dem früher üblichen zweiteiligen Küchenschrank. Als Vater ausholte, warnte ich ihn: „Wenn du mich anfasst, dann reiße ich den ganzen Aufsatz des Küchenbüffets mitsamt dem Geschirr runter!" Das wirkte im Moment. Aber Mutter und Vater beantragten daraufhin beim Jugendamt die Einweisung in ein Erziehungsheim.

Daher wurde ich zwangsweise in das Heim Hofhammer einquartiert; jedoch diesmal ohne polizeiliche Hilfe. Dieses Heim war eine Einrichtung für schwer erziehbare Kinder und Jugendliche. Ich war einigermaßen verstört, zog mich zurück und war nicht ansprechbar. Nur weil ich nicht verprügelt werden wollte, war ich schwer erziehbar und musste ins Heim. Das mag verstehen, wer will. Ein Erzieher nahm sich meiner an. Er redete täglich und endlos auf mich ein, damit ich mich integrieren würde. Ich fasste Vertrauen und erzählte ihm der Länge und Breite nach meine äußerst abwechslungsreiche Vergangenheit. Nach einer geraumen Zeit erschienen meine Eltern, holten mich ab und nahmen mich wieder in der Wohnung auf. Wie ich später erfuhr, waren meine Eltern zur Heimdirektion vorgeladen und „ins Gebet" genommen worden. Aus heutiger Sicht ein Ansatz von sozialer Verantwortung gegenüber einem Kind, das Schwierigkeiten hatte, seine bisherigen Erlebnisse zu verarbeiten, und deshalb gelegentlich verhaltensauffällig war. Aber ob meine Eltern nicht noch verhaltensauffälliger waren, steht auf einem ganz anderen Blatt.

Ich versuchte nun, nur noch ein artiges Kind zu sein. Das ist mir nicht gelungen. Irgendwann hatte ich die Schnauze voll. Als mich Mutter wieder mit einem Gegenstand traktierte, rastete ich aus. Ich verließ die Wohnung in Richtung Hauptbahnhof Kiel, eine weite Strecke, die ich mangels Geld fußläufig zurücklegte. Ich wollte dort irgendeinen Zug besteigen, der mich einfach nur fortbrachte, egal wohin. Am liebsten zu Mama nach Nürnberg. Aber ich wusste nicht, welchen Zug ich nehmen musste. Ratlos schlenderte ich mit hängenden Ohren vom Bahnhof über die Innenstadt wieder nach Hause zurück, etwa vier bis fünf Kilometer. Man empfing mich mit Eiseskälte. Mutter werkelte in der Küche und verlor kein Wort. Etwas hilflos irrte ich durch die Wohnung und legte mich einfach ins Bett. Dort harrte ich der Dinge, die noch kommen sollten. Als Vater, der ja mein Stiefvater war, von der Arbeit nach Hause kam, erzählte ihm Mutter, was geschehen war. Es dauerte höchstens drei Minuten, bis mir mein eigenes Gesicht um die Ohren flog. Vater hatte zugeschlagen. Was sollte ich machen, ich ertrug es und überstand es. Es soll aber nicht unerwähnt bleiben, dass mein Verhältnis zum Stiefvater auf Vertrauen beruhte. Er hatte mich sehr häufig in Schutz genommen, wenn Mutter wieder einmal ausgerastet war und mit dem zuschlug, was sie gerade in den Händen hielt.

Als ich älter wurde, habe ich mich später noch einmal getraut und ihr zugebrüllt: „Wenn du mich noch einmal schlägst, hau ich dir eine rein, von der du dich so schnell nicht wieder erholst!" Das saß. Sie hat mich niemals mehr angerührt. Ich hätte sie aber auch niemals geschlagen. Mutter war ehrgeizig, sie wollte erreichen, dass aus dem nicht so wirklich zur Familie gehörenden und flügge gewordenen Kind ein – aus ihrer Sicht – vernünftiger Mensch mit einer Berufsausbildung wird. Schon allein um zu zeigen, dass nicht alle Kinder mit dem Titel „Auf und davon" Versager sein müssen. Darin unterstützte ich sie gern. Denn die ganze Verwandtenmischpoke hatte mich immer nur toleriert, nie richtig gemocht. Daher wandte ich meinen ganzen Ehrgeiz dafür auf, dass Mutter auf mich stolz sein konnte. Ich glaube, das war ich ihr und mir letztlich auch schuldig.

Ich entwickelte einen fast ungesunden Ehrgeiz, so kannte ich mich selbst nicht. Jedenfalls war ich – zwischenzeitlich in der siebten Volksschulklasse – nicht mehr zu bremsen. Bis zur neunten Klasse paukte ich, was das Zeug hielt. Dabei war und bin ich ein Mensch, der wirklich lernen muss. Es gibt Leute, die lesen oder hören etwas und behalten es wie eine unheilbare Krankheit. Ich musste alles vier- oder fünfmal lesen, bevor ich es begriffen hatte.

44 Konfirmation & Toto

Da ich evangelisch getauft worden war, stand 1957 die Konfirmation an. Die Kommunion hatte ich - wie bereits geschildert - verpasst. Auch wenn in der Familie stets chronischer Geldmangel herrschte, im Organisieren war Mutter einsame Spitze. Sie war auch ein „Pump-Genie" und ich ihr verlängerter Arm. Es gab in der näheren und weiteren Umgebung keinen Einzelhändler, bei dem nicht angeschrieben war. Sie war damals damit nicht allein und mancher Lebensmittelhändler hatte mehr offene Rechnungen als Nudeln im Regal. Auch der Besitzer des Tabakgeschäfts beschwerte sich bei mir über die vielen immer noch nicht bezahlten Zigaretten, die Vater und Mutter tag- täglich verqualmten. Mutter benutzte mich dabei regelmäßig als Vollzugsorgan. Fehlte im Haushalt wieder einmal alles, schrieb sie den Bedarf auf einen Zettel und schickte mich in irgendein Lebensmittelgeschäft zum Einkaufen und Anschreiben. Auf diese Art und Weise wurden auch die Speisen und Getränke, einschließlich Zigaretten, besorgt, die Mutter zur Bewirtung der Konfirmationsgäste benötigte. Wenn überhaupt etwas bezahlt wurde, dann von dem Bargeld, das sich in den Umschlägen befand, die eigentlich ich zur Konfirmation geschenkt bekommen hatte.

Trotz der gut geplanten Vorbereitung fehlten am Konfirmationstag noch Frischmilch und Schlagsahne. Es war zwar Sonntag, jedoch wurden damals Milch und Milchprodukte auch an Sonn- und Feiertagen verkauft. So gab mir Mutter einen 50-Mark-Schein und schickte mich zum Einkaufen. Nach Hause zurückgekehrt stellte ich die Sachen auf den Küchentisch und suchte nach dem Restgeld. Weil ich es nicht fand, eilte ich in das Geschäft zurück und fragte, ob ich das Restgeld erhalten hätte. Der Verkäufer bejahte meine Frage energisch und murmelte etwas zu seiner Rechtfertigung. Das fand ich bereits damals als sehr verdächtig. Mit hängenden Ohren kehrte ich in unsere Wohnung zurück und nur der Tag meiner Konfirmation bewahrte mich davor, wegen des Verlusts meines eigenen Geldes eine gehörige Tracht Prügel zu erhalten.

Die erhielt ich dann später, als ich von meinem Taschengeld einen Toto-Spielschein mit 12er-Wette abgegeben hatte und ihn Tage danach Vater zur Gewinnprüfung übergab. Plötzlich ein Aufschrei und ich dachte, Vater hätte einen Gewinn festgestellt. Auf dem Spielschein hatte ich bei zwölf Spielen nacheinander neun richtige Ergebnisse. Dafür gab es aber keinen Gewinn. Es gab damals auch die 9er-Wette, das wäre ein Gewinn im ersten Rang gewesen. Vater konnte vor Enttäuschung nicht an sich halten und verpasste mir eine kräftige Ohrfeige. Diese begründete er damit, dass man sich in meinem Alter nicht an Glücksspielen beteiligen sollte.

45 Ende der Volksschulzeit

Im Jahr 1958 nahte das Ende meiner Volksschulzeit. Auf die damalige Mittelschule durfte ich nicht, weil diese noch zwei Jahre länger gedauert hätte. Ich sollte doch Geld verdienen. Vom Gymnasium konnte überhaupt keine Rede sein, denn ich war allzu sehr mit mir selbst beschäftigt, um mich auf eine höhere Schule konzentrieren zu können. Heute ist mir klar, dass ich einfach nicht mehr zur Schule wollte. Schon allein deshalb nicht, um den Eltern nicht mehr auf der Tasche zu liegen.

Das neunte Schuljahr war noch nicht zu Ende und Mutter kam auf die Idee, dass ich die Mittlere Reife nachholen könnte. Eine mütterliche Kehrtwende zu meinen Gunsten, wie sich später herausstellen sollte. Jedenfalls bot sie mir eines Tages an, die zweijährige Städtische Handelsschule besuchen zu dürfen. Das war für mich ein Schlag ins Kontor, wollte ich doch Konditor oder Kellner werden. Ich erinnerte mich aber an die Worte von Ferdinand, Mamas Sohn. Er hatte mir erklärt, dass man für diese Berufe mindestens zwei Fremdsprachen beherrschen müsse. Na toll, ich war zwar mehrsprachig: nämlich durch das Telefon, den Mund und durch die Nase, – das war es aber auch. Ich bedaure heute noch, dass ich außer Englisch keine weitere Sprache beherrsche.
Denn ich bin einfach kein Sprachengenie. Ganz im Unterschied zu einem Mann, den ich im späteren Berufsleben kennenlernte. Er beherrschte sieben Sprachen in Wort und Schrift; das machte mich einfach sprachlos. Er war Beamter bei einer Bundesbehörde. Doch leider wusste die Behörde mit diesem Mann nicht umzugehen, weil er aus persönlichen Gründen einen „flüssigen Karriereknick" hatte. Seit Jahren war er jedoch stabil und ein wunderbarer Kollege, doch die Hierarchie vergaß ihn. Bis heute bin ich über diese Ungerechtigkeit enttäuscht, die diesem Mann widerfahren ist. Aber so ist es bei Behörden, insbesondere bei Bundesbehörden, denn die haben ihre eigenen Fahrstühle.

46 Zur Städtischen Handelsschule

Ich bewarb mich also bei der städtischen Handelsschule. Aber einen Tag zu spät. Ich musste wohl meinen „Dackelblick" aufgesetzt haben, der mir heute noch nachgesagt wird, wenn ich einen außergewöhnlichen Wunsch antrage. Die Sekretärin, die sich meine Bewerbung ansah, murmelte irgendetwas vom „Eingangsstempel von gestern". In meiner Aufregung verstand ich überhaupt nichts mehr. Und dann meinte sie: „Mein Gott, und mit so einem schlechten Zeugnis? Das wird nichts!" Ich ärgerte mich über diese ungerechte Bewertung meiner Zeugnisse sehr. Ich hatte keinen Vierer oder schlechter, aber auch keine Eins. Eigentlich ein brauchbares Zeugnis, wäre da nicht die Drei im Betragen gewesen. Dennoch meisterte ich den ganzen Schriftkram wie Anmeldung, Einwilligung der Erziehungsberechtigten und was es außer Schuhgröße noch alles gab. Die gestrenge Sekretärin nahm die Bewerbung doch noch an! Der nächste Schritt war die Aufnahmeprüfung. Nun war und bin ich wirklich ein Angsthase, was Prüfungen angeht, und ich weiß heute noch nicht, wie ich es geschafft habe, dass die Prüfungskommission mich zum Schulbesuch zuließ.

Einige Tage nach der schriftlichen und mündlichen Prüfung erhielt ich einen Brief, eine halbamtliche Post. Ich hatte die Bestätigung in den Händen, dass ich zwei Jahre zusätzlich büffeln durfte. Ich war glücklich und erleichtert. Hatte mir Mutter doch den Job bei der Abfallbeseitigung angedroht, wenn ich die Aufnahmeprüfung nicht schaffen sollte. Damals waren deren Arbeitsbedingungen und Bezahlung miserabel. Heute wäre dies keine Drohung. Die Leute vom „Serviceteam Müll- und Wertstoffbeseitigung" verdienen gut. Mancher Arbeitslose wäre froh, wenn er diesen Job hätte. Ich wahrscheinlich auch, wenn ich nicht zwei Schuljahre hätte dranhängen können.

47 Dank Resi

In der Handelsschule war es schlimm. Nicht für die Schule, aber für mich. Was habe ich mich gequält. Mit Buchführung, Stenografie, kaufmännischem Schriftverkehr und Maschinenschreiben. Insbesondere der Lehrer für Stenografie mauserte sich zum Spitzenkandidaten in Sachen Lustmord. Er ließ uns alle über das Wochenende mindestens zwanzig Seiten mit Stenografiekürzeln füllen. Diese ließ er sich dann im Schulunterricht vorlesen. In kaufmännischer Buchführung und in Englisch war ich einfach überfordert. So bestand kurz vor dem Ende des ersten Schuljahres Versetzungsgefahr. Versetzt wurde ich dann doch, – aber das nur dank Resi. So nannte ich eine sehr liebe und fleißige Schulkameradin, etwas wuchtig, aber hellwach und gescheit. Bei ihr holte ich mir Nachhilfeunterricht, in beiden Fächern natürlich. Nach einem Jahr und ständiger Versetzungsgefahr erklärte mir mein Klassenlehrer am Ende des zweiten Jahres und damit zum Schulabschluss, dass er aus einer Fünf nun wirklich nicht plötzlich eine Zwei machen könne. Stillschweigend einigten Herr Schmidt, so hieß der Klassenlehrer, und ich mich auf eine Drei. Das war Resis Nachhilfeunterricht zu verdanken. Ich hatte immer den Verdacht, Resis Mutter hatte gehofft, dass ihre Tochter und ich uns einmal persönlich näher kommen würden. Sie verwöhnte mich während der Nachhilfestunden stets mit Kaffee und Kuchen und verließ anschließend das Haus, in dem sie allein mit ihrer Tochter wohnte. Ich fühlte mich für eine Bindung aber einfach zu jung.

48 Jobben, putzen, Backpfeifen

Nebenbei jobbte ich immer noch. In die Haushaltsarbeiten hatte mich Mutter zudem voll eingeplant. Zweimal in der Woche Generalputz in allen Zimmern, kein Schrank blieb davon verschont. Der Fußboden, damals noch Linoleum, wurde anschließend mit Bohnerwachs gepflegt und mit dem Bohnerbesen auf Hochglanz gebracht. So war ich in jeder Minute ausgelastet. Mit der Zeit ärgerte ich mich nur darüber, dass mein jüngerer (Halb-)Bruder die Beine hochlegte und keinen Handschlag machte. Das unterstützten Mutter und Vater, was ich heute noch nicht so richtig verstehe. Mein bequemes Bruderherz hatte eine besondere Art, mit Mutter und Vater umzugehen. Während ich zwei Wochen maulen konnte und dabei nur das Nötigste besprach, war Bruderherz von einem anderen Strickmuster. Hatte er einmal Backpfeifen eingefangen, drehte er sich um, nahm Mutter und Vater in den Arm und herzte sie. Damit war die Sache für alle erledigt. In Strafen waren Mutter und Vater mir gegenüber äußert einfallsreich: ohne Abendessen ins Bett, Stubenarrest für eine Woche oder Fernsehverbot. Kein Abendbrot zu erhalten, erscheint mir noch heute als eine ärmliche Erziehungsmethode.

49   Der Strafkatalog

Jeden Morgen stand ich um sechs Uhr auf, um beim Bäcker frische Brötchen zu holen. Vater arbeitete im Schichtdienst bei der „Maschinenbau Kiel" (MaK) als Dreher und musste relativ früh zur Arbeit, aber nicht ohne sich vorher seine backwarmen Brötchen schmecken zu lassen. Diese Einstellung war durchaus von Vorteil, weil sich auch die Restfamilie daran erfreuen konnte. Leider gab es nicht sehr häufig ein Schulbrot für mich, das gehörte zum Strafenkatalog. Ich versorgte mich deshalb nicht selten bei meinen Klassenkameraden, die diese Art der Erziehung auch nicht verstanden. Außerdem erhielt ich nicht selten von Nachbarn reichlich belegte Stullen, weil sie von den Bestrafungen meiner Mutter erfahren hatten. Stubenarrest war mir so ziemlich egal, ich hatte ohnehin keine Zeit zum Spielen. Fernsehverbot tat auch nicht weh, denn die meiste Zeit fiel ich vor Erschöpfung sowieso ins Bett.

Allerdings hatte ich mit der Zeit herausbekommen, dass ich mit einem Stromprüfer den Fernsehempfang im Wohnzimmer stören konnte. Im Schlafzimmer befand sich nämlich gleich in der Nähe des Bettes eine Steckdose. Immer, wenn ich den Stromprüfer hineinsteckte, rauschte im Wohnzimmer der Fernseher so gewaltig, dass die liebe Restfamilie nichts mehr verstehen konnte. Das war die Rache des kleinen Mannes.

50 Unsere Nachbarn – Freud & Leid

Zu den Nachbarn in unserem Sechs-Familien-Haus und auch im näheren Umfeld hatte ich ein äußerst gutes Verhältnis, dessen ich mir gar nicht so recht bewusst war. Sicher, wenn die Nachbarn Hilfe benötigten, vom Einkauf bis zu kleinen handwerklichen Reparaturen, fragten sie Mutter oder auch direkt mich. Wenn sie mich direkt baten, war mir das lieber, da ich die Zuwendungen, die mir Nachbarn auch in Geld gaben, behalten konnte, da Mutter ja nichts davon wusste. Ansonsten kassierte Mutter das Geld ein, – für die Arbeiten, die ich erledigt hatte.

Mit den Nachbarn gab es nicht nur eitel Sonnenschein. Für eine ältere Dame aus dem gegenüberliegenden Wohnhaus musste ich regelmäßig an einem bestimmten Wochentag aus der Apotheke Medikamente holen. Dann warf sie mir das Geld aus dem Fenster zu und lehnte auf der Fensterbank, bis ich zurückkam. Eines Tages sah ich sie nach meinem Einkauf nicht am Fenster. Dafür aber die Feuerwehr, einen Notarzt- und einen Krankenwagen, die nach kurzer Zeit wieder abzogen. Zurück blieb ein zugedeckter Körper, der Körper der älteren Dame, die hochgradig depressiv war und sich aus dem Fenster gestürzt hatte. Dann kam der Leichenwagen. Lange Zeit haderte ich mit mir. Ich fragte mich, ob ich den Freitod hätte verhindern können, wenn ich den Einkauf schneller erledigt hätte.

51 Berufliches & Schauspielerisches

Irgendwann vor dem Handelsschulabschluss musste ich mir Gedanken über meinen beruflichen Werdegang machen. Bäcker, Konditor oder Kellner fielen aber mangels Sprachbegabung aus. In einem Anfall von Selbstüberschätzung wollte ich Schauspieler werden. Ich liebte die darstellende Kunst, das Sprechtheater und den trockenen, manchmal auch den schwarzen Humor. Man hätte etwas daraus machen können. Auch heute noch habe ich gelegentlich das Gefühl, ich müsste es mit einer kleinen Rolle einmal versuchen. Aber ich denke, dass ich dafür jetzt, mit gut 70 Jahren, zu alt bin. Wer sucht schon einen alternden Kerl, der sich zwar gut im Griff hat, aber für den sich letztlich niemand interessiert. „Irren ist menschlich", sprach der Igel und stieg von der Klobürste.

Später erhielt ich doch noch ein Angebot, nämlich in dem Spielfilm „Grzimek" eine unauffällige Rolle zu spielen. Als Komparse, der bei der Eröffnung des Frankfurter Zoos um den Hauptdarsteller schwadronieren musste. Eine spaßige Angelegenheit, auch wenn es bei den Aufnahmen äußerst ernst zuging, damit die Szene ordentlich und überzeugend in den Kasten kam. Acht Tage später hatte ich für eine unterhaltsame Spätsendung des Hessischen Rundfunks eine Rolle, die damit endete, dass mir eine Torte ins Gesicht geworfen wurde. Für Hollywood wird es aber wohl nicht mehr reichen.

52   Tante Lida

Eines Tages erhielten wir seltenen Besuch. Es war Tante Lida, eine Dame von Kopf bis Fuß, – und so sprach sie auch. Ihr Mann war auf dem örtlichen Standesamt als Angestellter beschäftigt. Wenn Tante Lida auftauchte, hielt sie Hof und die ganze Verwandtschaft verneigte sich. Sie war die einzige, deren Mann im öffentlichen Dienst war, und das war Grund genug, sich anzudienern. Erst später erfuhr ich, dass er in der Registratur des Standesamtes gearbeitet hatte. Eine nicht unbedingt leitende, jedoch eine sichere Position im öffentlichen Dienst.

53   In den öffentlichen Dienst – Lehrjahre

Es ging schlussendlich darum, ob ich mich auf dringende „Empfehlung" von Mutter für eine Rolle im öffentlichen Dienst entscheide würde. Darunter konnte ich mir damals überhaupt nichts vorstellen. Meine einzigen Vorstellungen stammten aus Karikaturen, die zeigten, wie Menschen am Schreibtisch saßen und mit schwarzen Ärmelschonern den Federhalter schwangen. Das war nicht unbedingt die berufliche Zukunft, die ich vor Augen hatte. Andererseits hatte ich, so meine damalige Meinung, aufgrund meiner bescheidenen Schulbildung auch keine große Auswahl. Vor einer Anstellung im öffentlichen Dienst stand ausnahmslos eine – für damalige Verhältnisse – nicht ganz einfache Aufnahmeprüfung. Das war auch bei der Stadtverwaltung Kiel der Fall, bei der ich mich 1958 als Lehrling bewarb. Aus meiner Klasse hatten fünf Schulkollegen die gleiche Idee. Sie bewarben sich ebenfalls bei der Stadtverwaltung und ich sah deshalb meine Felle davonschwimmen. Noch heute begreife ich nicht, wie ich diese Prüfung bestanden habe. Ich glaube, ich habe meinen ganzen Ehrgeiz aufgeboten, um dieses Ziel zu erreichen. Jedenfalls wurde ich Verwaltungslehrling bei der Landeshauptstadt Schleswig-Holsteins. Zugegeben, ich war der glücklichste Mensch, den man sich vorstellen konnte. Ab diesem Zeitpunkt haben mich Mutter und Vater aus der Verantwortung für alles Mögliche entlassen. Dafür streckte Mutter jedem Verwandten und Bekannten symbolisch die Zunge aus; ganz nach dem Motto: Von wegen! Er ist zwar ein „Bankert", aber macht es mir und ihm mal nach!

In der Lehrzeit büffelte ich, was das Zeug hielt. Ich gehöre leider nicht zu den Menschen, die einen Text einmal lesen und dann sitzt er, nein, so einfach ist es bei mir nicht. Erstens bin ich ein visueller Mensch und zweitens äußerst phantasiebegabt; daher war es gelegentlich notwendig, mich in die Realität zurückzuholen. Immerhin hat sich mein Fleiß letztendlich gelohnt, wie sich später herausstellen sollte. Meine Motivation und mein sich steigerndes Interesse an der Verwaltung verdanke ich einigen städtischen Beamten, die mir das, was Verwaltung ausmacht, mit Kompetenz und Geduld beibrachten. Natürlich spielte auch die Sympathie für den einen oder anderen Lehrer eine gewisse Rolle. Lehrlinge – so hießen damals die heutigen Auszubildenden – kamen in die Zentralabteilung des Rathauses nur dann, wenn sie überdurchschnittlich für den Beruf geeignet schienen. Dazu gehörten das Hauptamt und die Kämmerei. In der Bundesverwaltung würde man das heute mit dem Bundeskanzleramt und dem Finanzministerium vergleichen. Es war eine besondere und auch persönliche Beziehung zu einem hochintelligenten Kämmereimitarbeiter und einem ausgezeichneten Beamten im Hauptamt. Sie vereinnahmten mich mit ihren Kenntnissen und ich denke, dass nur wenige Lehrlinge in den Genuss intensiver und auch umfassender Ausbildung gekommen sind.

Nach zweijähriger Ausbildung – u. a. im Gesundheitsamt und auch bei der Muttermilchsammelstelle sowie bei den regelmäßigen Vorstellungen der Damen aus einem anderen Gewerbe – stand die Abschlussprüfung bevor. Ich war damals sechzehn Jahre alt, als ich jeden Tag an den Damen vorbeiging. Am Ende der Reihe war ich völlig geschafft. Was da auf mich verbal niederprasselte, kann man sich nicht vorstellen. Ich hatte allerdings den Eindruck, dass mich die gut aussehenden Mädels irgendwie mochten. Schließlich hatte ich sie jede Woche mindestens einmal gesehen. Seit dieser Zeit änderte sich mein Weltbild bezüglich des ältesten Gewerbes der Welt völlig. Heute begegne ich den Damen und ihrem Beruf mit Respekt.

Wenn ich von meiner Ausbildungsstätte, dem Rathaus in Kiel, nach Hause kam, ließen mich Mutter und Vater in Ruhe. Das war die einzige Unterstützung, die ich von ihnen bekam. Mit Ausnahme von Mutter. Die konnte Stenografie und Maschinenschreiben im Zehn-Finger-System. Beides hatte ich aber schon in der Handelsschule beherrscht. Mittelschüler hatten es da schwerer, denn diese beiden Lehrfächer waren für sie völliges Neuland. Ich glaube, es war Anfang der siebziger Jahre, da wurden diese praktischen Lehrfächer aufgegeben. Angeblich wären diese Kenntnisse nicht mehr zeitgemäß und deshalb auch nicht mehr nötig. So strich man sie einfach vom Lehrplan. Wenn ich aber heute sehe, dass jeder eine

PC-Tastatur benutzen muss, in der Regel im „Zehn-Finger-Such-System", halte ich die Abschaffung dieses Faches für kontraproduktiv. Ich erwische mich nicht selten, eine Person, die sich an der Schreibmaschine abquält, zu fragen, ob ich den Brief lieber selbst schnell schreiben könnte, um Zeit (und Nerven!) zu sparen.

Von Stenografie will ich gar nicht erst sprechen. Dazu hat heute ohnehin keiner Lust, einmal abgesehen davon, dass viele diese Fertigkeit für verzichtbar halten. Bei der heutigen Technik kann man das so sehen. Aber z. B. beim Brainstorming ist Kurzschrift immer noch hilfreich. Auch auf Parlamentsstenografen wird aus rechtlichen Gründen auch heute noch nicht verzichtet.

54　Abschlussprüfung

Die Lehrabschlussprüfung nahte. Ich war und bin kein Prüfungstyp, auch das hatte ich schon erwähnt. Dennoch war ich einer der Favoriten, man sah in mir einen der Besten. Meine ungebremste Motivation zu lernen, machte mich zuversichtlich. Die schriftliche Prüfung war vorbei. Die Facharbeiten gehörten zur ersten Wahl. Ob Kommunal- oder Staatsrecht, Organisations- oder Haushaltsrecht. Glaubte man dem Flurgeflüster, schien auch alles in Ordnung zu sein. Bis mir mein Lieblingslehrer Knuth auf einem der Rathausflure fragend zuzischte, was ich mir wohl bei der Arbeit in Gemeinschaftskunde gedacht hätte. Dieses Fach lehrte Obermagistratsrat Scheffler. Eine ebenso kompetente wie zurückhaltende Person, den die Stadtverwaltung Kiel mit der Ausbildung des Nachwuchses betraut hatte. Die Bemerkung meines Lieblingslehrers irritierte mich. Es blieb jetzt nur noch die Verteilung der Prüfungszeugnisse abzuwarten. Die ließ auch nicht lange auf sich warten. Aufgerufen wurden zunächst die besten fünf Lehrlinge. Vor mir erhielten vier Lehrlingskollegen ihre Erfolgsnachweise. Gestaffelt von der Note „eins" bis zur Note „zwei". Dann wurde ich aufgerufen. „Vollbefriedigend" hatte die Prüfungskommission entschieden, als die Note 2 bis 3. Das berührte mich unangenehm.

Ausschlaggebend für die schlechte Benotung war der grenzenlose Unsinn, den ich in Gemeinschaftskunde zu Papier gebracht hatte. Glaubte man den Gerüchten, hatte ich diese Prüfungsarbeit total versaut. Lange grübelte ich nach dem Grund für diesen Ausrutscher. Vielleicht war es nur eine Ausrede, aber mir fiel nur ein, dass ich während meiner Ausbildung zwei Wochen im Krankenhaus gelegen hatte und dass gerade in dieser Zeit dieser Lehrer dieses Fach unterrichtet hatte. Das Thema können wir vernachlässigen, die Prüfungsarbeit war einfach unbrauchbar.

55   In die Beamtenlaufbahn

Aber was soll es, das Leben ging weiter. Denn eines war sicher, die Stadtverwaltung Kiel übernahm jeden Lehrling, der seine Abschlussprüfung mit mindestens „voll befriedigend" bestanden hatte, – und dazu gehörte auch ich. Ich bin aber nur noch zwei Monate im städtischen Dienst geblieben, weil ich nicht als Kassenführer im Bauamt mein berufliches Dasein länger fristen wollte.

Nach zwei Monaten wechselte ich zur weiteren Ausbildung in den Bundesdienst. Wieder Einstellungsprüfung schriftlich und mündlich sowie eine sportliche Leistungsprüfung. Leistungsprüfung, war ich vielleicht ein Pferd? Das alles für eine künftige dreijährige Schufterei, nur um für die Prüfung zum gehobenen Dienst zugelassen zu werden.

Für Laien sind das böhmische Dörfer. Aber man kann es in wenigen Worten erklären. Es gibt in der Beamtenlaufbahn den einfachen, den mittleren, den gehobenen und den höheren Dienst. Für letzteren benötigte man in der Regel ein Vollstudium, z. B. Volkswirtschaft oder Jura. Noch einfacher ausgedrückt: Der höhere Dienst muss wissen, dass es eine Vorschrift gibt, die sein Handeln bestimmt. Der gehobene Dienst muss wissen, wo es steht. Der mittlere Dienst muss wissen, was konkret drinsteht. Und der einfache Dienst bringt die erforderlichen Gesetzestexte.

Von einer Vielzahl von Bewerbern wurden nur fünf Bewerber eingestellt. Voraussetzung waren eine anständige Prüfungsarbeiten, die der Bund einforderte, und ein unantastbares Leumundszeugnis. Darüber hinaus war die bereits erwähnte Sportlichkeit eine wichtige Einstellungsvoraussetzung. Brillenträger schieden von vornherein aus. Wenn mir die Spätfolgekollegen heute manchmal über den Weg laufen, sträuben sich mir zuweilen die Nackenhaare. Einige sehen aus, als könnten sie keine Treppe mehr steigen, ohne in Atemnot zu geraten, andere schlappern in ihrer Uniform herum, als kämen sie gerade direkt aus dem warmen Bett. Das gilt aber auch für die verschiedenen Landespolizeien und besonders für die privaten Sicherheitsdienste. Letztere treten zumeist ohne erkennbaren Grund in diskutierenden Rudeln auf. Die anderen Sicherheitsorgane sind nicht viel besser. Ich behaupte dennoch, dass die Bundespolizei, aber auch die SEKs der Länder, effektive Einheiten mit gefürchteter Durchschlagskraft sind. Dadurch unterscheiden sie sich wesentlich von den Landespolizeien. Von den privaten Sicherheitsdiensten ganz zu schweigen. Diesen in der Regel überernährten und vor sich hin dampfenden Zeitgenossen fehlt der Bezug zur Arbeit. Bei Auseinandersetzungen mit ihnen ist eine geistige Vollbewaffnung entbehrlich.

56 In der Bundesverwaltung

Nach meiner Einstellung in die Bundesverwaltung lagen drei harte Ausbildungsjahre vor mir, in Praxis und Theorie. Dank meiner Vorbildung hatte ich gegenüber den Lehrgangskollegen einen geringen Vorteil.

Dennoch will ich zwei Episoden erzählen, die zwei meiner Lehrer, alle vom höheren Dienst – und damit diejenigen, die wissen, dass es eine Vorschrift gibt – zur Verzweiflung gebracht haben. Dabei muss man wissen, dass wir damals mangels eigener Bundesfachhochschule in einer Sportschule in Nordrhein-Westfalen untergebracht und auch unterrichtet wurden. Dort war um 22 Uhr Zapfenstreich – ohne Ausnahme. Der Lehrgangsleiter Leis, seines Zeichens Oberregierungsrat, wohnte auf demselben Flur wie die ihm anvertrauten Zöglinge, – und er hörte die Mäuse piepsen. Irgendwann feierten wir alle im Zimmer eines Kollegen. Es wurde nach 22 Uhr und das war, wie erwähnt, verboten. Während der ausgelassenen Fete vernahmen wir plötzlich den Lehrgangsleiter, der sein Zimmer am anderen Ende des Flures hatte, laut brüllen. Wir löschten sofort alle Lichter, auch das Flurlicht. Meine Kollegen verschwanden auf ihre Zimmer oder versteckten sich. Ich konnte mich im Dunkeln nicht zurechtfinden, weil ich nachtblind bin. So legte ich mich im Schutze der Dunkelheit einfach auf den Bauch quer über den Flur. Da nahte im Eilschritt unser Ausbildungsleiter. Und ich ahnte schon Fürchterliches! So war es dann auch. Plötzlich spürte ich an meiner rechten Seite, in Höhe der Leber, einen mächtigen Tritt. Und dann hörte ich neben mir einen dumpfen Schlag. Der Lehrgangsleiter war über mich gestolpert und landete neben mir, kurz vor einem Fenstersims. Im Mondlicht muss er mich erkannt haben, jedoch war ich nicht sicher. Er stand wortlos auf und suchte sein Zimmer auf. Am nächsten Morgen musste ich genau in diesem Zimmer antanzen. Er war erregt und brüllte mich an: „Sie, das war es jetzt. Ich sorge dafür, dass sie die Prüfung nicht bestehen! Und jetzt verschwinden sie. Auf der Stelle!" Das waren ja schöne Aussichten. Ich bemühte mich, die Angelegenheit mit Aufmerksamkeit und Fleiß aus der Welt zu schaffen. Allein der gute Wille reichte in meinen Augen nicht aus. Oberregierungsrat Leis schien persönlich so verletzt, dass er mich auf Dauer völlig ignorierte. Schlechte Voraussetzungen für die Laufbahnprüfung, die vor mir lag.

Unsere Sportschule lag in Hennef/Sieg und damit unweit von Köln. Im Karneval beschlossen ein befreundeter Lehrgangskollege und ich, die rheinischen Frohnaturen zu besuchen. Wir hatten uns auch fest vorgenommen, spätestens am nächsten Unterrichtstag wieder pünktlich in der Sportschule zu sein, um am Unterricht teilzunehmen. Weil wir nicht den offiziellen Ein- bzw. Ausgang benutzen konnten, kletterten wir am späten Abend durch ein schmales Toilettenfenster und fuhren mit dem klapprigen Volkswagen meines Freundes nach Köln. Wir feierten alkoholbewusst – bis vier Uhr morgens. Weil wir in unserem Ausnahmezustand nicht mehr Auto fahren konnten, rief ich kurz vor Unterrichtsbeginn und mit schlechtem Gewissen den Lehrgangsleiter an und behauptete frech, wir hätten einen Achsenbruch und kämen daher etwas später. Das Fahrzeug wäre in der Werkstatt. So doof habe ich in meinem ganzen Leben nicht mehr gelogen. Gegen elf Uhr trafen wir, ausgestattet mit noch reichlich Restalkohol, in der Sportschule ein. Sie hatte einen langen Zufahrtsweg und wer stand an diesem Schotterweg? Der stellvertretende Lehrgangsleiter Regierungsrat Dr. Minz, später Präsident der Hochschule des Bundes für öffentliche Verwaltung. Er war ein unwahrscheinlich netter und verständnisvoller Mensch. Mit Sicherheit war es nicht seine Idee, uns einen dermaßen freundlichen Empfang zu bereiten, der mir aus heutiger Sicht noch ein Lächeln abringt. Wir mussten aussteigen und der Regierungsrat prüfte das Fahrzeug, um nachzusehen, wo denn der reparierte Achsenbruch war. Gefunden hat er natürlich weniger als nichts. Dieser außergewöhnliche Einsatz des Regierungsrats konnte nur dem Lehrgangsleiter geschuldet sein. Insofern zollten wir seinem Stellvertreter unser unausgesprochenes Mitleid. Der Lehrgangsleiter verzichtete anschließend darauf, mit mir überhaupt noch ein Wort zu reden. Für ihn war ich ja ohnehin abgeschrieben. Er hatte wohl auch Komplexe, denn sein Vertreter war promoviert, er aber nicht. Dafür konnte der Oberregierungsrat es sich leisten, sich abends häufig einen zu genehmigen. Er meinte, wir hätten das nicht gemerkt. Manchmal nicht. Wenn wir in seinem Unterricht aber Atembeschwerden bekamen und kurz vor dem Kollaps standen, dann war es Eau de Cologne. Darin muss er gelegentlich gebadet haben. Letztendlich war er aber doch irgendwie in Ordnung. Wir hatten gehörigen Respekt vor ihm und er hatte, mit wenigen Ausnahmen, seine verdiente Ruhe.

57 Ausreden, Verantwortung & Zivilcourage

Es gäbe noch viel zu berichten über das, was sich in dreijähriger Ausbildung so ereignet hat. Kennzeichnend für alle Kollegen und Freunde, die das Schicksal der Ausbildung mit mir teilten, war, niemals jemanden anzuschwärzen und stets selbst die Verantwortung mit Würde zu übernehmen. Das galt für alles, was man selbst initiiert oder durchgeführt hatte. Keiner wäre auf die Ausrede gekommen, dass er sich wegen einer schwierigen Kindheit oder wegen des psychischen Prüfungsdrucks einen Burnout genehmige würde. Ich betone ausdrücklich die Ausrede und meine das auch so, weil ich berufliche Arbeit nicht mit Stress in Verbindung bringen kann und daher Burnout auch nicht die Kehrseite der Ausbildungs-Medaille ist.

Vielleicht hängt diese Haltung mit meinem betagten Alter und meinen Erfahrungen zusammen. Wenn ich mir heute die Urteile verschiedener Strafgerichte durchlese, insbesondere bei der Verurteilung jugendlicher Straftäter, dann bin ich nicht selten fassungslos. Jugendliche erhalten auch nach der achten Straftat immer noch Verständnis oder Mengenrabatt von den Gerichten. Verständnis, weil in der letzten Ecke ihrer Kindheit rumgekramt wird, um ein Trauma oder eine Fehlentwicklung zu finden. Ist dann zum achten Mal eine Verurteilung auf Bewährung erfolgt, werden alle Straftaten zusammengefasst. Schlussendlich erhält der Täter eine Bewährungsstrafe mit dem Hinweis, das sei seine letzte Chance. Dass er aber vorher zwei Omas die Handtasche und den Geldbeutel geklaut, einen Busschaffner mit einem Faustschlag niedergestreckt und letztlich drei Gartenlauben ausgeräubert hat, – diese Verletzungen, Verluste und Schicksale der Betroffenen interessieren kaum einen! Wir haben in Deutschland einen Täterschutz, der an eine Bananenrepublik oder an Indien erinnert. Warum? In Deutschland werden Menschen in den Großstädten grundlos tot oder halbtot geschlagen. Nur weil die Täter gerade einmal nicht wussten, was sie mit sich selbst anfangen sollten. Es gibt Augenblicke, da bin ich froh, dass ich so alt bin. So habe ich die Hoffnung, dass ich nicht mehr verprügelt werde. Aber so sicher kann man sich doch nicht sein. Ein Freund von mir, etwas älter als ich, benutzte vor zwei Jahren die U-Bahn in Frankfurt am Main. Als er ausstieg, griffen ihn zwei Jugendliche am Kragen, warfen ihn mit dem Gesicht nach unten zu Boden, was bei ihm als Brillenträger besonders prekär ist, und rissen ihm die Lederjacke einschließlich Geldbeutel vom Leib. Und das in einer lebhaft frequentierten U-Bahn-Station. Keiner der wartenden Passagiere hat meinem Freund auch nur ansatzweise geholfen. Blöd geglotzt haben sie und so schleppte er sich blutend an die Notrufsäule, schlug die Scheibe ein und wartete auf den Notarzt. Ich freue mich immer wieder, wenn ich über gegenteiliges Verhalten höre oder lese. Das nennt man dann Zivilcourage!

58 Prüfung, Burg und Nerveleien

Es ging auf die Prüfung zu. Sie fand in „Stadt Blankenberg" statt. Das ist eine Stadt, die überhaupt nicht existiert, sondern nur ein Ortsteil der Gemeinde Hennef/Sieg ist. Diese Stadt war in seiner städtebaulichen Gliederung ein Schmuckstück. Über alles hinaus ragte eine Burg mit Frau Kopf, einer äußerst freundlichen Gastgeberin. Sie hatte eine Tochter, mit der ich mich sehr gut verstanden hatte. Irgendwie hatte ich aber das Gefühl, dass meine Kollegen und Freunde mir diese Bekanntschaft neideten. Sie waren dauernd am Sticheln und Hetzen. Im Grunde genommen störte mich das kaum. Aber irgendwann ging es mir aber doch zu weit. Sie gaben dem Schlager „Und am Abend träumen sie von Santo Domingo" einen anderen Text. Als die Bande dann eines Abends sang „Und am Abend träumen sie vom scharfen ..." und zu allem Überfluss auch noch der Lehrgangsleiter zwischen Tür und Angel stand, da war ich stinkig. Auf alle. Besonders deshalb, weil sich dieser Leiter leider die Bemerkung nicht verkneifen konnte: „Ach so ist das, kein Wunder ..." Was ihn nicht wunderte, ist mir heute noch ein Rätsel.

Vier Wochen lang hatten viele Prüfungsstress. Einer meiner Kollegen bekam – wie aus heiterem Himmel – einen Kreislaufkollaps und schleppte sich kotzender Weise die Treppe zu seinem Zimmer hoch. Es waren genügend Leute, die das beobachteten. Einige verzogen sich auf das Zimmer des Erkrankten, andere gingen einfach in ihr eigenes. Und wer reinigte die mit Teppichware ausgelegte Treppe? Ich natürlich, weil ich es meiner Freundin, der Tochter der Burg- und Hotelpächterin, nicht zumuten wollte. Natürlich hat sich der Kerl wieder erholt, ohne Notarzt und ohne Krankenwagen.

Es war Prüfungstag. Den will ich in seiner Gänze dem Leser ersparen. Abgesehen von zwei weiteren Nervenzusammenbrüchen von Freunden, die Angst hatten, die Prüfung nicht zu bestehen. Jedenfalls saßen zwanzig Delinquenten vor einer hochkarätig bestückten Prüfungskommission, alles beamtete Leute, die wussten, dass es Vorschriften gibt. Dazu waren, neben mir, nur die Freunde und

Kollegen eingeladen, die eine schriftliche Prüfung hingelegt hatten, bei deren Auswertung man nicht wusste, ob der Prüfling so blöd ist, wie sich das Ergebnis liest, oder ob er auch für Erleuchtungen empfänglich ist. Ich war natürlich dabei.

Das Frage- und Antwortspiel verlief ziemlich zäh. Die Kommission war sichtlich bemüht, keinen Kollegen durch die Prüfung sausen zu lassen. Mir gegenüber war mein bereits erwähnter Lehrgangsleiter, als Mitglied der Prüfungskommission, unauffällig. Was sollte er auch unternehmen. Vorsitzender der Kommission war nicht er, sondern ein Beauftragter aus dem Bundesinnenministerium. Nach langer Fragerei und mehr oder weniger intelligenten Antworten wurde nach dem „Bundeswahlleiter" gefragt. Sieben von acht Prüflingen hatten keine Ahnung. Ich war der achte und hatte Ahnung. Seit Ende meiner Lehrzeit in der norddeutschen Kommunalverwaltung hatte ich die Antwort gewusst, jedoch niemals daran gedacht, dass mich jemals jemand danach fragen könnte.

Um die gestellte Frage und die erwartete Antwort in die Länge zu ziehen – ein psychologischer Kniff – antwortete ich zunächst mit: „Bundeswahlleiter". Das war schon einmal etwas. Ausgerechnet mein Lehrgangsleiter bohrte nach und fragte, wer denn das sei? Kein Problem. Es war und ist heute noch der Präsident des Statistischen Bundesamtes. Fast zeitgleich griffen alle Angehörigen der Kommission zu ihren Schreibgeräten und notierten sich das. Die Antwort musste sie so beeindruckt haben, dass sie mich nicht durch die Prüfung segeln lassen wollten. So verdanke ich dem erwähnten Präsidenten letztlich, dass ich die Prüfung für den gehobenen Verwaltungsdienst bestanden hatte. Der damalige Präsident des Statistischen Bundesamtes hat sicher nie erfahren, dass er der Grund für die erfolgreich abgeschlossene Ausbildung war.

Nach der Prüfung und Bekanntgabe des Ergebnisses machten Sektflaschen die Runde, im Freien und ohne Gläser. Mich haute es nach einer knappen Stunde um und ich ging ungewohnt früh ins Bett. Wohl war ich ansonsten nicht immer unbedingt der Erste, aber diesmal war ich als Erster „voll". Kein Wunder, wenn der ganze dreijährige Ausbildungsstress erfolgreich zu Ende ist, ist man physisch und vor allem psychisch geschafft. Klar, auch von den Ausfälligkeiten und durch die selbstgewählten „Ausfallzeiten", die unsere Lehrer hinnehmen mussten. Da muss man einfach durch, sowohl als Lehrer als auch als besserer Lehrling.

59   Erste Stelle: Nabburg

Einen Tag nach der mündlichen Prüfung durften wir es uns im historischen Hotel auf Kosten des Bundes noch gemütlich machen. Dann erhielten wir die Prüfungszeugnisse, die Ernennungsurkunden und die Ansage, in welcher Bundesbehörde wir künftig zu arbeiten haben. Verstreut über das ganze Bundesgebiet. Mich traf es, so meinte ich, besonders hart, denn ich musste als Uniformträger in die Provinz: nach Nabburg in der Oberpfalz. Neben der offiziersmäßigen Silberlitze schmückte mich zusätzlich ein Merkurstab. Merkur, der Schutzheilige der Diebe und Räuber, aber auch der Verwaltungsangehörigen.

In Nabburg bekam ich Vorgesetzte, wie man sie sich nicht wünscht oder erträumt. Der Chef war ein Kettenraucher und stand im Rang eines Majors. Es soll nicht unerwähnt bleiben, dass die Verwaltungsbeamten nach außen immer einen Dienstgrad mehr verkörperten, als ihnen eigentlich zugestanden wäre. So benahmen sie sich auch; ich habe diesen Blödsinn nie begriffen. Auf jeden Fall war mir dort alles fremd und ungewohnt. Mir gefiel das alles überhaupt nicht. Deshalb kündigte ich innerlich und lebte zurückgezogen in einer Kaserne. Es dauerte nicht lange, da hatte ich es satt. Immer dieses formale Gehabe. Kam mir ein Nächsthöherer über den Weg, Hand an die Schirmmütze und das zigmal am Tag.

60 Die Nacht im Kasino

Einmal nahm ich einen Freund, einen Unteroffizier, gegen Mitternacht in das Offizierskasino mit. Wir tranken russisch Schnaps. Die Gläser landeten nach russischer Manier hinter uns oder vor uns im Radio. Dabei versuchte jeder, dessen Lautsprecher zu treffen. Beide waren wir voll wie tausend Mann und anstatt aufzuräumen, wankte am Ende jeder in seine Schlafstatt. Am nächsten Morgen holte mich der Kasino-Offizier aus dem Bett. Den kannte ich gar nicht. Er meinte, ich sollte mir mal das Kasino ansehen. Weshalb, fragte ich mich, schließlich kannte ich es doch von gestern Abend. Es war ein Offiziersaufstand in der ganzen Kaserne. Meinem Freund hängten sie ein Disziplinarverfahren an, weil die eitle Brut von Offizieren es nicht ertragen konnte, dass in ihrem heiligen Kasino ein Unteroffizier gewesen war, der sich mit mir die Nacht um die Ohren geschlagen hatte. Beim Kommandeur, einem Mayor, beschwerte ich mich über die Maßnahme, die gegen meinen Saufkumpan ergriffen werden sollte, und bat, ihm doch keine Schwierigkeiten zu machen. Schließlich war es ja wohl meine Schuld, weil ich ihn eingeladen hatte. Es half nichts, am nächsten Tag war mein Kasino-Partner verschwunden Er war stehenden Fußes versetzt worden und ich habe nie mehr wieder etwas von ihm gehört.

61 Kündigung & Kündigung der Kündigung

Ich bat meinen höchsten Vorgesetzten, der im Ministerium in Bonn saß, um meine Entlassung. Meinem Wunsch wurde kommentarlos stattgegeben. Das ärgerte mich sehr, weil keiner den Grund meiner Entscheidung wissen wollte. Warum auch, wenn so ein kleiner Inspektor aus der Provinz gehen will, dann soll er eben gehen. Eigentlich wusste ich nicht genau, was mich nach meiner Entlassung erwarten würde. Eine Stelle als „Eintänzer in der Fischbratküche" oder sollte ich mich in einen Puff einkaufen? Wenn Sie einen mittelständischen Unternehmer damals und heute fragen würden, ob Sie bei ihm arbeiten könnten und dabei erwähnen, sie hätten fünf Jahre in der öffentlichen Verwaltung gelernt und alle damit verbundenen Prüfungen abgelegt, wird seine Antwort sein: „Ja klar, wir suchen noch jemanden als Packer oder Raumpfleger." Mir das vor Augen führend rief ich lieber im Ministerium an und bat um ein Gespräch auf sehr hoher Ebene. Das wurde bewilligt und ich traf einen freundlichen und verständnisvollen Mensch, den Ministerialdirektor Paul angesiedelt kurz nach dem Staatssekretär. Er bedauerte meine Entscheidung, habe doch meine Ausbildung dem Bund viel Geld gekostet. Ich schlug ihm vor, mein Entlassungsgesuch zurückzunehmen, und bat darum, in eine zivile Institution versetzt zu werden. Mein Gesprächspartner nahm dies wohlwollend zur Kenntnis. Vor ihm musste ich die Rücknahme meines Entlassungsantrags unterschreiben und erhielt gleichzeitig eine Versetzungsverfügung nach Lörrach.

62   Nach Lörrach

Ich kam dort zu einer Bundesunterbehörde, mitten in einem großen Park und sehr zentral gelegen. Aber sehr schön fand ich damals das Städtchen nicht. Ich mietete ein möbliertes Zimmer, sozusagen auf dem Sonnenhügel. Der tägliche Weg zur Arbeitsstelle und zurück war weit; und durch die Anhöhe auch anstrengend. Hauseigentümerin war eine Gastwirtin, eine äußerst fleißige Frau, mit Sicherheit schon sechzig Jahre alt. Sie verließ das Haus morgens um sieben und schloss ihr Lokal abends um zehn Uhr. Weil ich sie in den späten Abendstunden häufig zu Fuß nach Hause begleitete, kostete mich das Mittagessen in ihrem Lokal nur die Hälfte. Wenn ich dann abends vorbeischaute, um sie zu begleiten, war für mich immer eine essbare Kleinigkeit bereitgestellt. Eigentlich lebte ich so ganz gut mit meinem bescheidenen Einkommen. Dafür revanchierte ich mich auch bei meiner Vermieterin. Eines Tages zog in das möblierte Zimmer gegenüber ein Paar ein. Von Anfang an waren mir die Frau und der Mann sehr suspekt. Sie lagen ständig im Bett, scheuten das Tageslicht und schienen einem ausgiebigen Liebesleben zu frönen. Ob ich mein Misstrauen meiner polizeilichen Erfahrungen und meinem Gehör schuldete oder aus einem unguten Gefühl heraus handelte, weiß ich heute nicht mehr. Jedenfalls ließ ich das Pärchen durch die örtliche Polizei überprüfen und siehe da, es war ein seit Langem gesuchtes Räuberpaar, das sofort die Unterkunft tauschen musste.

63   Fachliches

Irgendwann fasste ich mir ein Herz und wollte in den Abendstunden eine Lörracher Disco besuchen. Weil ich aber keine fand, landete ich an der Bar des ersten Hotels am Platze. Aus welchen Gründen auch immer, ich kam mit einem neben mir sitzenden Mann ins Gespräch und wir tauschten Erlebnisse aus. Dabei gewann ich den Eindruck, dass er eine Beschützerrolle einnehmen wollte. Wir verabredeten uns für den nächsten Tag, dann für den Tag darauf und so weiter. An einem der Folgetage gesellte sich der Hoteldirektor zu uns. Wir hatten einen Riesenspaß, besonders ich, weil ich nichts bezahlen musste. Dabei erfuhr ich, wer mein Günstling war: Direktor Botta, Chef des größten Kaufhauses der Stadt. Beide, Hoteldirektor und Kaufhausdirektor, hatten im Hotel ein „Fach". Wer es sich leisten konnte, hatte im Hotel und anderen Bars einfach sein privates Fach. Das war eine Art Tresor in der Wand, abgeschlossen mit einem schmiedeeisernen Gitter. Darin lagen Wein- und Whiskyflaschen, die demjenigen gehörten, der sie bezahlt und in sein Fach gelegt hatte. Nur der besaß auch den dazu passenden Schlüssel. Wohl aus Mitleid und in der Erkenntnis, dass ich finanziell mit den beiden Direktoren nicht mithalten konnte, erhielt ich einen Zweitschlüssel, den ich nie gebraucht und später verschlampt habe.

64 Neuer Einsatz

Lörrach war nicht lange mein Arbeitsplatz, weil ich wieder Feuerwehr spielen musste. Jedenfalls kam ich mir so vor, denn, wenn irgendwo im besonderen Fachbereich der Bundesbehörde etwas nicht klappte oder in Ordnung zu bringen war, dann wurde ich dorthin beordert. Eines Freitags erhielt ich einen solchen Anruf aus Koblenz: Marschorder mit Arbeitsbeginn am Montag. Mein neuer Arbeitsplatz war eine Behörde, die zwischen Ministerium und Bundesamt angesiedelt war. Mehr oder weniger Befehlsempfänger des Ministeriums, Durchlaufstation mit Order- und Interpretationsmöglichkeiten gegenüber den nachgeordneten Dienststellen. Das hat sich, soweit mir bekannt, bis heute erheblich geändert.

Am Wochenende war angesagt, sich bei der Vermieterin abzumelden und persönliche Sachen, einschließlich Fernseher, einzupacken. Abfahrt war am Sonntag. Von wegen Pack- und Reisetage und gemütliches Eingewöhnen. Die Wirklichkeit sah anders aus. Das war Ausbeutung. Daher waren viele körperlich überlastet, psychisch kaputt – Weicheier waren nicht gefragt. Mir machte der Job Spaß, da nimmt man einige Unebenheiten gern in Kauf.

Der Leiter der Koblenzer Behörde war ein Baron. Er saß in seinem Zimmer, fernab vom Zeitgeschehen. Daher begrüßte mich der Abteilungsleiter und Stellvertreter des Adligen. Kriese hieß er und kam vom gehobenen in den höheren Dienst, eine rühmliche Ausnahme in der Bundesverwaltung. Er, seines Zeichens Oberregierungsrat, war ein gehbehinderter, aber auch ein sehr korrekter, einfühlsamer und auch verständnisvoller Vorgesetzter. Mit mir hatte er auch keine Probleme, denn ich arbeitete anständig und das durfte er auch erwarten.

Nur einmal fiel ich auf. Ich hatte einer älteren und verdienten Schreibkraft scherzhaft mitgeteilt, sie solle nach Hause gehen, denn der Elektriker sei da und er wolle „ihre Dose verlegen". Ein Scherz, ebenso schlicht wie geschmacklos. Aber anstatt mir eine passende Antwort zu geben, rannte die Teetante zu meinem Zweitchef, beklagte sich und weinte bitterlich. Sie fühle sich beleidigt, beschwerte sie sich schluchzend. Daraufhin musste ich antanzen. Im Beisein der Gekränkten bekam ich so einen Anschiss, wie ich ihn in meinem ganzen Berufsleben noch nie erlebt hatte.

Anschließend schickte er die Dame aus dem Zimmer. Kaum war sie draußen, kam er auf mich zu und erklärte mir: „Lass' doch die Alte in Ruhe, die verträgt keinen Spaß. Aber jetzt hast du sie mal richtig getroffen, das ist mir in zehn Jahren nicht gelungen!"

65 Schlagfertig

Da lobe ich mir doch das Erlebnis auf einem Hamburger Elbdampfer. Ich saß auf dem sonnigen Deck, mir gegenüber ein nettes, gut proportioniertes Mädel. Irgendwie wollte ich meiner näheren Umgebung wohl imponieren und sagte daher zu meinem weiblichen Gegenüber: „Nichts gegen deine Beine, aber Gurken gehören ins Fass!" Kurze Antwort: „Nichts gegen dein Gesicht, aber der Arsch gehört in die Hose!" Während der ganzen, knapp zweistündigen Fahrt hielt ich die Klappe. Vor allem deshalb, weil mich mein weibliches Gegenüber unablässig anlächelte, als sei nichts geschehen.

66 Meine Frau

In der Behörde in Koblenz lernte ich meine Frau Liesel kennen. Sie war eine sehr fleißige, sorgfältig arbeitende Sekretärin und war verheiratet. Das machte die Sache nicht einfacher. Sie wollte sich scheiden lassen. Nach tage- und nächtelangen Diskussionen war sie sich ihrer Verantwortung, insbesondere gegenüber ihrem fast erwachsenen Sohn, bewusst. Auch für mich war es keine einfache Entscheidung, denn unser Altersunterschied betrug 20 Jahre. Wir waren uns schließlich einig. Meine Frau zog die Scheidung durch und wir heirateten an unserem vorübergehenden Wohnort, im hessischen Jügesheim, heute ein Ortsteil der Stadt Rodgau. Nach Erledigung aller behördlichen Formalitäten heirateten wir und lebten wir fast 40 Jahre bis zu ihrem Tod 2011 zusammen.

67 Zum Frankfurter Flughafen

Irgendwann war die Aufräumarbeit in Koblenz zu Ende. Mein neuer Arbeitsplatz war der Flughafen Frankfurt am Main. Der Umzug in die Mainmetropole fand wieder unter den bekannten terminlichen Umständen statt, die nicht vergnügungssteuerpflichtig sind. Ein bezahlbares, möbliertes Zimmer fand ich in Kelsterbach. An meinem neuen, behördlichen Arbeitsplatz angekommen, begrüßte mich mein unmittelbarer Vorgesetzter, dessen Vertreter ich sein sollte. Ihm zur Seite stand eine überschaubare Anzahl uniformierter Mitarbeiter. Es kostete mich schon einiges Geschick, das Vertrauen der übrigen beamteten Mitarbeiter zu gewinnen. Aber dann unterstützten sie mich und halfen mir. Ich kann mich nicht daran erinnern, dass auch nur ein Mitarbeiter dabei aus der Reihe tanzte. Unser Team war für die Sicherheit des ganzen Frankfurter Flughafens zuständig. Der ständige Ausbau des Airports führte zu organisatorischen und auch zu personellen Veränderungen. Heutzutage ist diese Behörde mit einer Vielzahl von Mitarbeitern völlig anders strukturiert und mit den damaligen Verhältnissen im Jahre 1965 nicht mehr vergleichbar.

68 Kündigung, – die zweite

Irgendwann beantragte ich zum zweiten Male meine Entlassung, die dann auch angenommen und vollzogen wurde. Es war eine Entscheidung, die mir aus unterschiedlichsten Gründen konsequent erschien.

Doch was sollte ich nun tun? Ich hatte schon erwähnt, dass mir sehr wohl bewusst war, dass die Wirtschaft nicht auf Bewerber mit Verwaltungsausbildung warten würde. Auf Politiker wohl eher. Auch die zweite Kaste in den Ministerien, die Staatssekretäre, und die dritte, die Ministerialdirektoren, müssen sich um Angebote von Industrieunternehmen keine Sorge machen. Ein hochdotierter Wechsel gelingt dem hochdotierten Personenkreis selbst dann, wenn sie sich noch im Staatsdienst befinden. Entweder lassen sie sich beurlauben für die Zeit ihrer wirtschaftlichen Tätigkeit oder sie scheiden gleich ganz aus dem Staatsdienst. Grundlage für solche schnelle Wechsel aus der Verwaltung in privatwirtschaftliche Unternehmen sind in der Regel langjährige Kontakte zu deren Vorständen und Aufsichtsratsvorsitzenden. Schließlich hat man die Kontakte während der Minister- oder Beamtenkarriere durch enge Zusammenarbeit mit den Vertretern unserer Wirtschaft stets gepflegt. Zumeist wurden die neuen Positionen in der sogenannten „freien Wirtschaft" von den beamteten Würdenträgern erdienert, manchmal erdient, selten verdient. Letztlich dreht sich die Frage nur darum: Wo kann ich den großen Reibach machen? Ausnahmen bestätigen die Regel; aber die Ausnahmen habe ich noch nicht gesehen.

69 Stil & Neid

Ich kam während meiner beruflichen Tätigkeit mit diversen Landtagsabgeordneten zusammen, unter anderem auch mit einem Landtagspräsidenten eines süddeutschen Bundeslandes. Wir standen an einem Bistrotisch in einer Diskothek und sprachen im erträglichen Maße dem Alkohol zu. Irgendwann am späten Abend kam das Thema Gehalt ins Gespräch. Mit dem schienen alle Anwesenden sehr zufrieden zu sein. Erschüttert hat mich nur die Aussage des Landtagspräsidenten. Der resümierte: „Der Job ist ebenso anstrengend wie blöd. Aber mir ist es ja egal, was ich mache. Hauptsache, der Rubel rollt, – und das tut er!"

Diese Haltung mag jemand für richtig halten. Aber dann bitte mit einer anderen Wortwahl. Wir sind nicht in Amerika, wo sich jeder freut, wenn der andere Erfolg hat. Deutschland ist ein Neiderland. Voll ausgebrochen ist diese typisch deutsche Eigenschaft nach der Wahl von Peer Steinbrück zum Kanzlerkandidaten der SPD. In vorderster Front waren die Printmedien. Die regten sich darüber auf, dass Steinbrück die Bezüge der Bundeskanzlerin oder des Bundeskanzlers für zu gering hielt. Diese Bemerkung war aus dem Zusammenhang gerissen und aus der entsprechenden Berichterstattung in zahlreichen Medien hatten nicht unerhebliche Teile der Bevölkerung den Eindruck, Steinbrück bereite bereits seine eigene Gehaltserhöhung vor.

Jedem deutschen Regierungschef, ob weiblich oder männlich, sollte der Regierungsplatz mit einem Einkommen von mindestens einer Million Euro jährlich gepflastert werden. Dieses Jahreseinkommen läge dann immer noch erheblich unter dem Gehalt und der Boni der Schlips- und Kragenträger in Banken oder anderen Kreditinstituten. Allerdings müsste der Ehrensold für das Staatsoberhaupt vom Gehalt des Regierungschefs abgekoppelt werden. Es ist nämlich nicht einzusehen, dass überhaupt ein höheres Gehalt – und dieses noch als Ehrensold lebenslang – eingesackt werden darf. Einmal abgesehen von Sekretärin, Büro und Dienstwagen, die nach dem Dienst kostenlos und lebenslang zugestanden werden!

Neuerdings werden die Medien von bestimmten Kreisen als „Lügenpresse" beschimpft. Das ist natürlich starker Tobak, – sowohl in der Verallgemeinerung als auch in der Berechtigung. Unterschätzen sollten einige Journalisten diese oder ähnliche Vorwürfe jedoch nicht. Sie sind Ausdruck wachsender Unzufriedenheit über Verschwommenheit und Undeutlichkeit in der Berichterstattung. Dabei ist „political correctness" keine journalistische Freiheit im Vorfeld einer Berichterstattung zu entscheiden, was die Menschen lesen oder nicht lesen möchten. So hat die Presse es lange Zeit vermieden, die Verursacher krimineller Auffälligkeiten oder sexueller Belästigungen dem Personenkreis zuzuordnen, der sie begangen hat. Es war nicht opportun, im Einzelfall auch zu erwähnen, dass Personen anderer Nationalität ihre eigenen kulturellen und gesellschaftlichen Vorstellungen auslebten. Musterbeispiel dafür waren die ersten Berichte über die Kölner Ereignisse. Hinzu kommt, dass der Journalismus schlechthin für eine Politik herhalten muss, die den Bürger nicht mitzunehmen weiß. Bereits bei den alten Griechen wurde der Überbringer einer schlechten Nachrichten bestraft, im Mittelalter wurde er geköpft, – soweit sind wir zum Glück noch nicht.

70 Nach Bad Vilbel in die Griesbreisiedlung

Bevor ich mich auf Nebenkriegsschauplätzen verliere, zurück zu meinem Job, den ich nicht mehr hatte. Ich lebte erst einmal vom Ersparten. Meine Frau und ich entschlossen uns, eine Speisegaststätte in Bad Vilbel zu übernehmen. Wie wir auf diese Idee gekommen sind, weiß ich heute nicht mehr, denn meine Frau hatte ihre Stelle in Koblenz aufgegeben und sich bei einer Landesbehörde in Frankfurt anstellen lassen. Den Arbeitsplatz hatte sie vor Eröffnung der Gaststätte gekündigt, weil sie im Restaurant als Köchin die Küchenleitung übernehmen und auch selbst kochen sollte. Der Standort des Restaurants war nicht gerade überzeugend. Im Volksmund nannte man den Stadtteil „Griesbreisiedlung".

Es kam so, wie wir beide es wollten. Wir eröffneten das Speiselokal und die Neugierigen kamen, wie immer, zuerst. Es blieb ein Stamm von Gästen, deshalb heißen sie ja wohl auch Stammgäste. Wir machten uns im Laufe der Zeit einen Namen für Qualität, der auch Gäste anzog, die aus dem wenige Kilometer entfernten Frankfurt kamen. Meine Frau erhielt Verstärkung durch eine Küchenhilfe, ich durch einen Kellner.
Vorausschicken möchte ich, dass meine Frau fast krankhaft eifersüchtig war. Sie hatte immer Angst, mich an eine Jüngere zu verlieren. Es war wie eine Phobie und außerdem völlig aus der Luft gegriffen. Gespräch änderten daran leider überhaupt nichts.

71 Erfahrungen in der Gastronomie

Mein Arbeitsbereich, der Tresendienst, lief wie geschmiert. Die überwiegende Mehrheit meiner Kundschaft waren weibliche Gäste, etwa so alt wie ich. Wir plauderten und lachten. Weder früher noch später wurde ich so oft zu einem Drink eingeladen wie in meinem eigenen Laden. Meine Frau, die wie üblich fast immer in der Küche war, bekam das natürlich alles mit. Denn die Küche war nur durch eine Tür getrennt gleich hinter dem Tresen. Daher beschwerte sie sich immer wieder, dass sie arbeiten müsse, während ich mich am Tresen mit jungen Frauen amüsieren würde. Irgendwann wurde es ihr zu viel. Sie stürmte erregt aus der dampfenden Küche und legte eine Szene hin, wie es wirklich nur Frauen können. Vor allen Gästen am Tresen und an den Tischen. Es gab einen heftigen und lautstarken Streit. Doch schon nach kurzer Zeit flohen unsere Gäste und das gesamte Lokal war menschenleer. Ob sie irgendwann wiederkommen würden? Sie kamen wieder! Und ich hatte den Eindruck, die „Tresenmädels" machten sich einen Spaß daraus, mich weiterhin in Beschlag zu nehmen. Geradezu provozierend und als Reaktion auf den Auftritt meiner Frau. Allerdings ließ sie sich gerade dann nicht provozieren, wenn man es offensichtlich darauf anlegte. Was sie sagte, auch bei ihrem Ausraster, kam aus tiefem Herzen. Es adelte mich und so verlief die weitere Zeit in ruhigerem Fahrwasser.

Die einzige Sorge war dann nur noch unsere ausländische Küchenhilfe, die nur gebrochen Deutsch sprach und entsprechend wenig verstand. Als sie aus dem Kellervorrat Bohnen holen sollte, kam sie mit einer Dose Erbsen und Karotten an. So ähnlich ging es tagein-tagaus, sodass meine Frau schier verzweifelte. Der Gipfel war dann nicht die Zugspitze, sondern eine Markklößchen-Suppe. Wir hatten den Auftrag für eine Hochzeitstafel übernommen. Meine Frau hatte die Markklößchen mit der Suppe selbst vorbereitet und es ging nur noch darum, die fertige Suppe „vorsichtig ziehen" zu lassen. Diese einfache Aufgabe übertrug sie unserer Küchenhilfe. Die zahlreichen Gäste warteten schon im blumengeschmückten Nebenraum. Meine Frau begab sich in die Küche und bekam einen Schreikrampf. Die Küchenhilfe hat die Suppe einfach kochen lassen. Man muss kein Sternekoch sein, um zu wissen, dass damit die Suppe totgekocht wurde. Aus der köstlichen Hochzeitssuppe hatte die Küchenhilfe eine ungenießbare Pampe werden lassen. Das war nicht nur für die Suppe tödlich, sondern auch für das Arbeitsverhältnis mit der Küchenhilfe. Gottlob hatten wir noch Fertigsuppen auf Lager, die verfeinert den Gästen serviert werden konnten.

Nach einiger Zeit bekam ich ein Problem. Der Kellner hatte gekündigt und es herrschte allgemeiner Arbeitskräftemangel, nicht nur im Gaststättengewerbe. Daher musste ich den Lokalbetrieb allein in Schwung halten. Speisegäste bedienen, Thekendienst verrichten und – sehr wichtig – dabei stets ein freundlicher Gastgeber sein. Ich hielt das durch, jedoch fielen meine Frau und ich nachts todmüde ins Bett. Unser einziger Wohnraum, in dem wir uns zurückziehen konnten, war ein Schlafzimmer, das sich unmittelbar neben den Geschäftsräumen befand. Unser „Wohnzimmer" war das Restaurant.

An einem hektischen Tag mit vielen Gästen war ich körperlich und geistig gefordert, was das Zeug hielt. Es mag sein, dass manche schmunzeln, wenn sie lesen, dass ein Kneipier geistig arbeitet. Der soll es nur einmal selbst machen bzw. sich vergegenwärtigen, dass zwanzig Gäste mit unterschiedlichen Gerichten und Getränken erwarten, dass die Bedienung das schnell kapiert und auch behält. Und diese Bedienung muss später auch noch wissen, welche Getränke oder welche Gerichte an welchen Tisch kommen. Diese Leistung wird häufig verkannt. Auch wenn man es heute einfacher hat, weil das Servicepersonal mit elektronischen Geräten ausgestattet ist, in die die Bestellungen eingetippt werden und auch die spätere Zuordnung der Speisen und Getränke gespeichert bleibt. Aber all das gab es damals noch nicht.

Aber wieder zurück zur Hektik dieses Tages. Kurz bevor ich eines der letzten Gerichte servierte, hatte ich noch eine Palette von Bieren zu liefern, ungefähr acht Gläser auf dem Rundtablett. Ich weiß heute noch nicht, was eigentlich passierte. Auf dem Weg vom Tresen zu den Tischen wurde mir plötzlich übel und schwindelig. Um mich herum drehte sich alles und ich landete mit Tablett und

Gläsern auf dem Steinfußboden des voll besetzten Gastraumes. Als ich wieder zu mir kam, sah ich nur den Notarzt und Menschen, die mir helfen wollten. Ich erholte mich glücklicherweise relativ schnell und bemerkte, dass inzwischen die Gäste gegangen waren. Dies war Anlass für mich, aufzustehen, den Eingangsschlüssel zu holen und das Restaurant sofort und endgültig zu schließen. Es reichte mir. Der Zusammenbruch war mehr als ein deutlicher Warnschuss vor den Bug.

Meine Frau war überrascht, weil wir mit Schließung des Lokals keine Arbeit und damit auch kein Einkommen mehr hatten. Unsere Ersparnisse waren für Renovierungsarbeiten, Küchengeräte, neue Gardinen und vieles mehr aufgebraucht. Trotzdem, unser Entschluss stand fest. Wir wickelten gemeinsam den Betrieb ab und fuhren erst einmal in den Urlaub.

72 Auf zu neuen Ufern

Wir beide erinnerten uns daran, dass wir doch einen Ausbildungsberuf hatten. Meine Frau als Angestellte im öffentlichen Dienst mit entsprechender Prüfung. Ich als Beamter, der vor seinem Ausflug in die freie Wirtschaft meinte, mit diesem Job das „Gelübde der Armut" abgelegt zu haben. Ein Monatsgehalt von rund 750 Deutsche Mark fand ich nach fünfjähriger Ausbildung im öffentlichen Dienst als höchst ungerecht. Aber wir dachten auch an das Sprichwort mit „dem Spatz in der Hand".

So bewarben wir uns bei der Stadtverwaltung in Frankfurt am Main. Bei meinem Vorstellungsgespräch wurde ich gefragt, was ich denn bisher gearbeitet hätte. Ich beschränkte mich darauf zu erwidern, dass ich „aus der Wirtschaft" käme. Diese Bemerkung war, bei großzügiger Auslegung, gar nicht so falsch (oder sogar doppelt richtig!) und, wie sich später herausstellen sollte, durchaus hilfreich. Man übertrug mir zunächst einen Job in der Jugendarbeit und meine Frau, die sich später bewarb, arbeitete im gleichen Behördenrevier. Wir fanden das beide gar nicht so toll und versuchten, in unterschiedliche Arbeitsbereiche zu kommen. Das gelang und ich landete plötzlich in der Heimaufsicht. Meine Frau traf es schlimmer, denn sie wurde Chefsekretärin und ausgerechnet bei meinem direkten Vorgesetzten. Dies hatte Vor- und Nachteile. Bevor alle anderen wussten, was der Chef wieder aushecken hatte, hatten meine Frau und ich das schon Tage vorher zu Hause besprochen. Stillschweigen war natürlich erste Pflicht, – auch über die Schrullen des Chefs.

Aber es ist schon etwas dran an dem Gerücht, kleine Menschen hätten häufig Komplexe. Ihre fehlende Körpergröße ist oft Ursache von Minderwertigkeitskomplexen. Dieses Gefühl kompensieren sie mit der ihnen verliehenen Position. Mit Obrigkeitsgehabe und Machtdemonstration. Sehr auffällig wurde dies, wenn sich der Chef z. B. hundert Deutsche Mark von der Bank holte, – nur mit Pistole, die er demonstrativ aus seiner Büroschublade zog, bevor er an meiner Frau vorbeihuschte. Seine Kariere war so ähnlich wie der Aufstieg eines Sozialarbeiters zum Geschäftsführer eines städtischen Unternehmens. So geschehen in Neuwied, einer rheinland-pfälzischen Kreisstadt nahe Koblenz. In beiden Fällen spielte das in der Bevölkerung sehr häufig verwendete Bonmot „Vitamin B" eine Rolle. Mit dem Unterschied, dass es den Geschäftsführer nicht mehr gibt, weil er seinen Job mit seinem früheren Sozialdienst verwechselt hatte. Seiner Freundin erlaubte er nämlich, in dem ihm unterstellen Hallenbadbereich, zu dem auch eine Küche gehört, Hähnchenkeulen zu braten, die dann den Gästen in der von der Freundin betriebenen Gaststätte serviert wurden. Einer anderen jungen Person verhalf er auf Kosten der Stadtwerke, deren Geschäftsführer er war, zu einem Ausbildungsplatz mit Fortbildungsmöglichkeit obwohl dafür überhaupt kein Bedarf vorlag. Unser gemeinsamer Chef war Beamter. Ihm konnte nichts passieren, denn Beamte kann man nur entlassen, wenn sie silberne Löffel ihres Arbeitgebers klauen. Doch dank ihrer Ausbildung und dem Dauerstress, dem sie ausgesetzt sind, wissen Beamte, dass es in Rathäusern überhaupt keine silbernen Löffel gibt!

Doch lassen wir das und überspringen auch meinen bereits geschilderten Job in dem damals einzigen kommunalen Pflege- und Kinderheim. Noch ein Wort zu den Psychologen und Psychagogen, mit denen ich zusammenarbeiten durfte. Mit mir hatte ich eigentlich keine Probleme. Aber nachdem ich mit dieser Berufsgruppe häufig zusammenarbeiten musste, erkannte ich bei mir Probleme, die mir überhaupt nicht bewusst waren und die ich eigentlich gar nicht hatte. Das hat mich kurzzeitig verunsichert, weil ich mich gelegentlich gefragt habe, wer denn nun noch wirklich normal sei.

73 Und auf zu ganz neuen Ufern: Bürgermeisterkandidat

Irgendwann hatte ich im Verlauf des Jahres 1978 das ständige Gefühl, dass meine Arbeit zur Routine geworden war. Daher meldete ich mich Anfang Dezember ab in den Urlaub. Vorher hatte ich mich allerdings klammheimlich in der südbadischen Kleinstadt Kenzingen um das Amt des hauptamtlichen Bürgermeisters beworben. Dass die Stelle zu besetzen war, erfuhr ich über die Parteischiene Frankfurt a.M. - Stuttgart - Kenzingen. Für diesen Job galten die Urwahl-Regeln. Da entscheidet die Bevölkerung, welcher Kandidat den Chefsessel im Rathaus bekommt. Ein Verfahren, dem sich später andere Bundesländer im Rahmen geänderter Kommunalverfassungen anschlossen.

Daher konnte von Urlaub überhaupt keine Rede sein, denn ich musste Wahlkampf machen, wenn ich gewinnen wollte. Aber eigentlich war die Wahl schon entschieden. Denn mein Mitbewerber wurde von seiner christlichen Partei seit Monaten durch die Stadt geführt und der Bevölkerung bereits als neuer Bürgermeister präsentiert. In dem überwiegend streng katholischen Ort war ich als evangelischer Christ deutlich im Nachteil. Zudem – und das war das größte Problem – war ich eine „rote Socke". Und im Gegensatz zu meinem Mitbewerber hatte ich meine Frau im Wahlkampf nicht dabei, denn schließlich wollte ich gewählt werden und nicht sie. Kurzum: Die Ausgangslage gab also keinen Grund für Optimismus. Aber das schreckte mich nicht ab. Ganz im Gegenteil, – ich ackerte von früh bis spät. Zu Weihnachten verteilte ich Flyer mit meinem Konterfei, besuchte die Wählerinnen und Wähler zu Hause und ging auf die Jugend zu. Die meisten Bewerber machen einen Fehler. Sie suchen diejenigen auf, die sie ohnehin wählen. Daher machte ich es anders – und so hoffte ich – effektiver. Ich stellte mich in den Gegenden persönlich vor, deren Einwohner aufgrund ihrer Parteizugehörigkeit oder aus vielerlei anderen Gründen nicht im Traum daran dachten, den Besucher und Kandidaten zu wählen. Manchmal schlief ich nur zwei Stunden, das war hart. Zudem waren einige meiner Hausbesuche gar nicht lustig. In einem Ortsteil, der bekannt für seine rabenschwarzen und eher etwas schlicht gestrickten Bewohner war, hetzte ein älterer Landwirt seinen

Schäferhund auf mich. Dem konnte ich nur durch einen Hechtsprung über einen Lattenzaun entkommen. Das Erlebnis hatte aber durchaus auch einen Vorteil; es zeigte mir, dass ich doch noch ganz sportlich war.

Ganz nebenbei galt es natürlich bei den Besuchen, Schwachstellen der Stadt und ihrer Stadtteile zu erkennen, die im Verlauf des Wahlkampfes von mir angesprochen werden konnten. Neben der noch nicht abgeschlossenen Kanalisation fiel mir besonders ein sozialer Brennpunkt auf. Im Süden der Stadt entdeckte ich Bretterbuden ohne Straßenanschluss. Ich watete bei Schnee und Eis durch matschiges Gelände, um die Bewohner zu besuchen. In den kärglich ausgestatteten und baufälligen Behausungen wohnten zwei mittellose Familien mit mehreren Kindern, um die sich bislang niemand gekümmert hatte. Solche Zustände hatte ich zuletzt 1953 in Kiel gesehen, Baracken auf dem Hof mit Wasseranschluss und notdürftiger Stromversorgung. Von den sanitären Unzulänglichkeiten ganz zu schweigen. Es sollte später meine vordringlichste Aufgabe sein, die Familien mit ausreichend Wohnraum zu versorgen und das Barackenlager aufzulösen.

Ich nahm in diesem Wahlkampf mindestens sechs Kilo ab, insbesondere bei der öffentlichen Vorstellung der Kandidaten vor etwa tausend Zuhörern, die Anfang Januar 1979 stattfand. Mir war klar, dass von dieser persönlichen Präsentation die Entscheidung der Wähler erheblich beeinflusst werden würde. Daher war eine inhaltlich anständige Rede gefragt, in der wichtige Ortsprobleme angesprochen und verständliche Lösungen angeboten werden müssen. Aber auch auf parteigefärbte verbale Bosheiten war nicht verletzend, aber sofort zu reagieren. Mir machte die Veranstaltung einen Riesenspaß. Was sollte mir auch passieren? Denn ich hatte, wie auch mein Mitbewerber, einen festen Arbeitsplatz im Rücken und genoss ja gerade quasi meinen Urlaub. All das gab mir ein Gefühl innerer Freiheit, sodass ich nicht unter Erfolgszwang litt.

Der erste Redner war mein Mitbewerber und damit ich nicht hören sollte, was er der Bevölkerung versprach, hatte mich das Organisationskomitee in den Heizungskeller der Halle verbannt. Ich war schon schweißgebadet, bevor ich überhaupt das Rednerpult betreten durfte. Mein Motto war: Lange Rede, kurzer Sinn. Und als die Großveranstaltung zu Ende war, war ich positiv im Gespräch. Es folgten dann noch Hallenveranstaltungen in den Stadtteilen Bombach, Hecklingen und Nordweil. Auf die Entscheidung der dortigen Wähler kam es meines Erachtens besonders an. Denn ohne sie war die Wahl nicht zu gewinnen. Inzwischen waren die Wähler in der Kernstadt nicht mehr so ganz sicher, dass sie meinen Gegenkandidaten wirklich wählen sollten. Woher ich das wusste? Schließlich haben Parteifreunde auch Ohren und es wurde mir ein gewisser Missmut zugeflüstert, der sich in der Bevölkerung breitgemacht hatte. Es missfiel, dass seit Monaten ein Kandidat ohne Alternativen vorgestellt worden war. Gerade so, als sei der Bürgermeisterstuhl ein konservativer Erbhof.

74 Wahltag

Mitte Januar 1979 war dann endlich der herbeigesehnte Wahltag. Ich befand mich in der Wohnung meines politischen Ziehvaters Zölle. Er war örtliches Parteimitglied von der roten Fakultät und Kenzingen war seine Heimatstadt. Rolands Frau hatte uns zum Kaffee eingeladen, weil ich meine Frau kurz vor dem Wahltag angerufen und sie gebeten hatte, in die süddeutsche Kleinstadt nach Kenzingen zu kommen. Denn völlig auszuschließen war mein Wahlerfolg nicht. Einen Tag vor der Wahl war meine Frau angekommen und hatte keine Ahnung, was zwischenzeitlich passiert war. Sie verstand nur „Bahnhof", denn auch ihr hatte ich nur gesagt, dass ich Urlaub machen wollte. Zugegeben, das war kein ehefreundliches Benehmen, und so war die Standpauke vorprogrammiert. In der festen Hoffnung auf meine Wahlniederlage hatte meine Frau sich letztlich mit meinem „besonderen Urlaub" angefreundet.

Traditionell wurde das Wahlergebnis gegen zwanzig Uhr vom Rathausbalkon bekannt gegeben. Meine Begleiter und ich hatten die Ruhe weg. Grund dafür war die Überzeugung, dass ich möglicherweise ein beachtliches Ergebnis einfahre könnte, die Wahl jedoch letztlich mein Mitbewerber gewinnen würde. So bogen wir kurz nach zwanzig Uhr von einer Gebäudeflucht um die Ecke zum Rathaus, als wir nur noch hörten: „... gewählt wurde. Damit haben wir einen neuen Bürgermeister!" Dass die Entscheidung der Wähler zu meinen Gunsten ausfiel, wurde uns erst nach Wiederholung des Wahlergebnisses bewusst. Wie in vielen Fällen, die Menschen völlig überraschen, war ich erst einmal sprachlos – und nicht nur ich.

Mit gespielter Souveränität gingen wir gemeinsam in das Rathaus; Roland, seine und meine Frau und ich. In einem großen Saal teilten sich die Anwesenden in zwei Gruppen. Die konservative Partei war vom Wahlausgang mehr als geschockt. Die kleine rote Truppe konnte es hingegen kaum fassen und freute sich riesig, dass in einer doch bislang betulichen Stadt ein Sozi und dazu auch noch einer der ersten dieser Sorte im badischen Raum zum Bürgermeister gewählt worden war. Mein Mitbewerber, aus Stilgründen gratulationspflichtig, ward nicht mehr gesehen. Seine bereits vorbereitete Siegesfeier in Hecklingen, einem Ortsteil der Stadt, hatte er abgesagt. Die süßsauren Mienen der Polit-Honoratioren sprachen Bände. Den Presserummel der nächsten Tage erlebte ich nur aus der Ferne. Denn meine Urlaubszeit war zu Ende und schließlich hatte mein Arbeitgeber, die Stadt Frankfurt am Main, einen Anspruch auf meine Arbeitsleistung. Allerdings nicht mehr lange.

Als meine Frau und ich in Frankfurt ankamen, war ich dann doch überrascht. Mehrere Arbeitskollegen wussten schon vom Ergebnis meines „Urlaubs"! Als ich vorsichtig fragte, woher sie das wussten, drückten sie mir eine Frankfurter Tageszeitung in die Hand. Ich musste sie nicht einmal aufschlagen, mein Wahlsieg stand auf der ersten Seite, jedoch in einem kleinen überschaubaren Bericht.

Ich fand es sehr nett, dass der damalige Oberbürgermeister Rudi Arndt mich anrief, mir gratulierte und dann auch noch in einem nachfolgenden persönlichen Gespräch wissen wollte, wie ich denn das gemacht hätte. Nach dem Gespräch informierte ich meinen unmittelbaren Chef schriftlich und beantragte meine Entlassung. Meine neue Heimat sollte fortan Kenzingen sein, die historische Kleinstadt in Südbaden: „Der Rastplatz an der B 3".

75   Als Bürgermeister

Selbst aus der Ferne bekam ich mit, dass die konservativen Parteimitglieder in Kenzingen zunächst in Schockstarre verfallen waren. Die Niederlage ihres Kandidaten hatte sie tief getroffen. Der Presserummel war entsprechend. Es wurde Ursachenforschung betrieben und der parteiinterne Grabenkampf gipfelte in öffentlichen Beschuldigungen, Mutmaßungen und üblem Nachkarten, von dem natürlich auch ich nicht verschont wurde. Dabei kam auch zutage, dass ein verbohrter, konservativer Politiker eine Detektei eingeschaltet hatte, um während des Wahlkampfes mein Vorleben auszuforschen.

76   Amt & Fasnet

Anfang April 1979, ich war 35 Jahre alt, trat ich mein Amt an. Mein Vorgänger, Bürgermeister Rieder, war ein ruhiges, abgeklärtes, erfahrenes und nach 24 Jahren im Amt ergrautes Stadtoberhaupt, übergab mir nach kurzem Gespräch die Amtsgeschäfte. So fühlte ich mich zunächst als Freischwimmer. Ich hatte keine Ahnung, aber davon viel. Auch deshalb, weil mit dem Amt zahlreiche Nebenämter verbunden waren; angefangen von der Mitgliedschaft im Verwaltungsrat der überörtlichen Sparkasse bis zum Kuratoriumsmitglied in der Oberrheinischen Narrenschau. Letztere ist eine Einrichtung der alemannischen Fasnet (Fasnacht), die mit lebensgroßen Figuren, entsprechender Narrenkleidung („Häs" genannt), Masken und Schuhwerk zelebriert wird. Kenzingen ist eine Hochburg der alemannischen Fasnet und überregional bekannt mit seinen hästragenden Fasnetfiguren: dem „Welle-Bengel" als Hauptfigur, dem „Fischerbueb" und dem „Schnurrwib". Dazu gehören aber auch die Bombacher „Räwehupfer" und die Nordweiler „Bachdatscher". Eigentlich fehlen nur noch die Hecklinger „Schwarzkittel" deren Gründung ich dringend empfehle.

Wer sich einen Einblick in die örtliche und überörtliche Brauchtumspflege verschaffen möchte, dem sei ein Besuch der Oberrheinischen Narrenschau in Kenzingen empfohlen. Um die fünfte Jahreszeit nicht zu übertreiben, beschränke ich mich auf meine Ansprache zur Eröffnung der Fasnet anno 1980, die auch das 175-jährige Jubiläum der Narrenzunft Welle-Bengel war (in Auszügen):

In jedem Jahr zu dieser Zeit,
die Narren halten sich bereit:
Im Rathaus wollen sie die Macht,
wo sonst der Bürgermeister wacht.

Nach altem Brauch und guter Sitte
steht er nunmehr in eurer Mitte.
Gelassen will er gern verzichten,
zeitweilig aus des Amtes Pflichten,

und übergibt die schwere Bürde
euch Narren, dass alsdann mit Würde
in Kenzingen ihr könnt` regieren
und die Geschäfte besser führen.

Geht ein dort, wo man Ruhe hat,
werdet Beamte dieser Stadt,
nehmt Rollschuh` mit für eure Zeiten,
dann könnt ihr schlafen oder gleiten.

Im Erdgeschoss sind leere Kassen,
dort könnt` ihr Spenden hinterlassen,
der Kämm`rer auf dem gleichen Flur
ist allerdings auf Fasnet-Tour.

So ist der Alltag hier am Ort,
die Zeit geht weiter und geht fort,
aus Menschen werden keine Engel,
doch lehr` uns Anstand, Welle-Bengel.
Den Schlüssel für die tollen Tage
nehmt hin, denn es ist keine Frage,
wenn Narren ihre Späße treiben,
da kann uns nur noch Frohsinn bleiben.
Ab jetzt wird hier von euch regiert,
denn Ehre dem, dem Ehr` gebührt.

77 Lernprozesse

Den ersten Kontakt hatte ich mit einer Bürgerin aus einer alteingesessenen Familie. Wir kamen ins Gespräch und stolz erklärte ich, dass ich ja nun auch „Badenser" und „Kenzinger" sei. Die Dame blickte mich von unten nach oben an, schaute mir ins Gesicht und klärte mich auf: „Junger Mann, bevor sie Kenzinger werden, lernen Sie erstmal unsere Sprache. Und Badenser werden Sie nie!" Das hat gesessen. Sie erklärte mir dann aber: „Das mit dem Kenzinger ist nicht so ernst gemeint. Jedoch Badenser geht gar nicht. Schließlich heißt es ja auch nicht Berlinser, sondern Berliner!" Das bekam ich immer wieder in den verschiedenen Ecken des Badener Landes zu hören. Für einen Badener ist nichts anstößiger als die Bemerkung, er sei ein Badenser. Meinen ersten Lernprozess hatte ich damit hinter mir.

Dass ich meinen fränkischen Dialekt vor Jahren bereits abgelegt hatte und zwischenzeitlich hochdeutsch sprach, müsste nicht besonders erwähnt werden, wenn ich nicht Schwierigkeiten mit dem südbadischen Dialekt – im Allgemeinen und der örtlichen Einfärbung im Besonderen – gehabt hätte. Ich sollte diese Schwäche bereits wenige Tage nach meiner Amtseinführung erkennen. Es hatte sich ergeben, dass im Ortsteil Hecklingen für den örtlichen Fußballverein ein neues Vereinsheim eingeweiht werden musste, was ich auch gerne tat.

Wenige Tage nach der Einweihungsfeier wurde ich nach meinem ersten amtlichen Erlebnis gefragt. Ich schilderte kurz den Ablauf und erwähnte, dass neben der örtlichen Prominenz auch der katholische Pfarrer „im Häs" anwesend gewesen war. Ich hätte den Versuch, einen mir bislang unbekannten, regionalen Begriff zu verwenden, besser gelassen. Das merkte ich an den fassungslosen Blicken meines Gegenübers. Angezogen hatte ich dem armen Pfarrer nämlich ein Narrenkostüm, gemeint hatte ich seine Soutane. Mir war die Angelegenheit mehr als peinlich.

Der katholische Ortsgeistliche war blind und rächte sich auf seine Weise. Der Gemeinderat, annähernd vergleichbar mit der Stadtverordnetenversammlung, hatte sich zusammengefunden, um ein neues und auch teures Feuerwehrfahrzeug zu übernehmen. Es war

Aufgabe des Geistlichen, der neben mir am Kopfende einer langen Tischreihe saß, das Rettungsfahrzeug zu segnen. Nach seiner Ansprache tauchte er zur Segnung ein bürstenartiges Gerät, nämlich das Aspergill, in den vollen Kessel und schleuderte das Weihwasser in die Menge. Dass der blinde Pfarrer dabei wohl die Richtung verlor und er mir das Weihwasser volle Kanne ins Gesicht spritzte, bemerkte er überhaupt nicht und wunderte sich nur über das laute Lachen der Anwesenden. Ich empfand das als Fingerzeig zur Läuterung.

Dass meine Mitarbeiterinnen und Mitarbeiter überwiegend dialektbetont parlierten, trug nicht unbedingt zur Erleichterung meiner neuen Arbeit bei. Immerhin gaben sie sich alle Mühe, sich mir gegenüber verständlich zu machen. Erfreulicherweise waren mir meine Mitarbeiterinnen und Mitarbeiter ohne Ausnahme stets loyal, obwohl einige einer Partei angehörten, die nicht die meine war.

Unterstützt haben mich dabei meine Sekretärinnen, insbesondere Ruth Winterle. Aufgrund ihrer langjährigen Zugehörigkeit zur Stadtverwaltung kannte sie die Kenzinger Behörde natürlich besser als ich und sie waren deshalb für mich alle eine unverzichtbare Hilfe. Insbesondere Ruth Winterle musste einiges über sich ergehen lassen; abgesehen von den zahlreichen unbezahlten Überstunden. Sie bügelte nicht nur manche Unebenheiten aus, sondern bereinigte auch gelegentlich private Verhaltensauffälligkeiten. Weil örtliche Feierlichkeiten gelegentlich mit Alkohol verbunden sind, wird auch ein Bürgermeister von der Genusssucht nicht ausgeschlossen. Da freuen sich besonders junge Mitbürger schon einmal, wenn sie ihn in eine Diskothek abschleppen können. Dass sich in einem dieser heißen Feiertempel, der mitten auf einem unbefahrenen Acker stand, plötzlich eine Schlägerei entwickelt würde und ich dabei meine Brille verlieren sollte, konnten meine Begleiter auch nicht ahnen. Am nächsten Tag erzählte ich das Erlebnis besagter Sekretärin. Nach der Mittagspause fand ich die Sehhilfe auf meinem Schreibtisch. Ruth Winterle hatte vor Ort gesucht, sich anschließend wieder vom Acker gemacht und mir die Brille stillschweigend auf den Tisch gelegt.

78 Neuer Wind

Meine erste interne Amtshandlung war, meinem Personal klarzumachen, dass ich nicht die geringste Lust verspürte, mit meinem Titel angesprochen zu werden. Die Anrede „Bürgermeister" mag zwar manchem Zeitgenossen schmeicheln und wird in der Regel gern gehört, weil sie von vornherein dem Gesprächspartner Respekt abfordert. Respekt muss man sich jedoch verdienen und nicht erdienen oder erdienern. Daher habe ich die Amtsbezeichnungen an den Arbeitszimmern entfernen lassen, weil ich fand, dass dies Distanz und keine Bürgernähe bringt. Diese ewige Unsitte, Amtsbezeichnungen an behördlichen Arbeitszimmern, wird vom Bürger als Versuch der Einschüchterung empfunden, damit er weiß, dass er sich in einer untergeordneten Situation befindet, die in ihm ein unangenehmes und auch hilfloses Gefühl erzeugt. Mit solcherlei manipulativen Überflüssigkeiten zeichnen sich insbesondere Justizbehörden und Ministerien aus. Amtsbezeichnungen reparieren wohl bei manchen Menschen ein gestörtes Selbstbewusstsein. Vielleicht haben sie diese Oberflächenreparatur nötig.

Zu meinen ersten Amtshandlungen gehörte auch, den schlichten Slogan der Stadt, mit dem sie auch den Tourismus anzukurbeln versuchte, zu ändern. Aus dem schlichten „Rastplatz an der B 3" wurde die „Perle im Breisgau" mit entsprechendem Logo.

Innerhalb eines halben Jahres löste ich den sozialen Brennpunkt und damit die Barackenansammlung auf, die sich sinnigerweise „Im Alten Grün" nannte. Damit löste ich mein Wahlversprechen ein. Die Familien erhielten menschenwürdige Unterkünfte.

79 Gegenwind

Mit meiner Arbeit zu beginnen, war nicht einfach. Denn die Nachwehen der konservativen Stadtratsfraktion über den verloren gegangenen Bürgermeisterposten entwickelten sich zum Orkan. In den Gremiumssitzungen zeigten die Verlierer alle Formen der Abneigung und politischen Verbohrtheit. Es gab verbale Ausfälligkeiten, sture Argumentationen und infantiles Gehabe mit dem Ziel, eine gemeinsame und vernünftige Arbeit zu verhindern. Aber nicht alle Konservativen bockten und blockierten. Deren Fraktionsvorsitzende waren zwar politisch linientreu, jedoch in der Sache durchaus kooperativ und fair im Umgang. Bernhard Bilharz wurde nur „Bernie" genannt und jeder in der Stadt wusste, wer gemeint war, war das kommunalpolitische Urgestein. An ihm führte einfach kein Weg vorbei. Seine spätere Berufung zum Ehrenbürger hatte er sich redlich verdient. Dessen Nachfolger war später Wolfgang Böcker. Auch mit ihm und den Schwarzkitteln Hermann Kaspar und Martin Röderer war eine Zusammenarbeit, über Parteigrenzen hinweg, möglich und durchaus fruchtbar. Im Gegensatz zu zwei oder drei Mandatsträgern, die im Verlauf der Zeit ihr Amt niederlegten oder aufgrund anderer Umstände dem Gremium nicht mehr angehörten. Gern sah ich auch die ungefärbten „Freien", die Stadträte Rudolf Welz und Armin Weiland sowie Wolfgang Kreher, die mir halfen, Startschwierigkeiten zu überwinden. Meine wichtigste Aufgabe war es, mir Respekt zu verschaffen. Die starke Stellung eines Bürgermeisters, über die er zumindest in Baden-Württemberg verfügt, erleichterte dieses Vorhaben. Er ist nämlich nicht nur Vorsitzender des Gemeinderates, wie sich die Stadtverordnetenversammlung nennt, sondern er ist gleichzeitig auch Behördenleiter; vergleichbar mit dem Magistratsgremium einer hessischen Stadt. Er vereinigt also in seiner Person (als Mitwirkender und Mitbestimmender) die Legislative und er ist die alleinige Exekutive. Außerdem erfüllt er auch staatliche Aufgaben, ist Ortspolizeibehörde, oberster Feuerwehrmann und er hat – wovon viele Menschen auch im öffentlichen Dienst träumen – keinen Vorgesetzten! Eine mit Unabhängigkeit gepaarte Machtfülle, die im politischen Entscheidungs- und Handlungsbereich ihres gleichen sucht. Diese Amtsmacht ist aber auch eine Durchbrechung der

Gewaltenteilung, die, jedenfalls nach unserem Verständnis, eine Demokratie auszeichnet. Dies muss nicht zwangsläufig zum Nachteil der Bürgerinnen und Bürger sein. Übrigens gehen zumindest die Badener nicht ins Rathaus, sondern in das „Bürgermeisteramt"; und es gibt kein „Oberbürgermeisteramt", denn Oberbürgermeister ist lediglich eine andere Bezeichnung für den Amtsinhaber in größeren Städten. Deren Vertreter heißen zwar auch Bürgermeister, sie sind jedoch Beigeordnete – in anderen Ländern werden sie als (hauptberufliche) Stadträte bezeichnet.

Häufig stellte sich für mich die Frage – und sie stellt sich für mich auch heute noch –, was Fraktionen in einem Gemeindeparlament zu suchen haben. Für Großstädte mag das noch Sinn machen, jedoch in kleineren und mittleren Gemeinden sind Fraktionen überflüssig wie ein Kropf. Denn in der Stadt- bzw. Gemeindepolitik sind weder rote, schwarze noch andersfarbige Probleme im Sinne des Allgemeinwohls zu lösen. Es gibt eben keine parteipolitisch gefärbten Wasserleitungen oder andere Einrichtungen einer zu verbessernden Infrastruktur.

Nun möchte ich es eigentlich dabei belassen. Schließlich soll dies kein Fachblatt für Kommunalrecht oder Politikwissenschaften werden. Aber interessant sind für den Leser die kleinen menschelnden Unebenheiten, die einem Stadtoberhaupt, und das nicht nur in einer Kleinstadt, widerfahren können.

80 Don Camillo & Peppone in der Üsenbergstadt

In der Üsenbergstadt, benannt nach dem Geschlecht der Üsenberger, den vormaligen Kenzinger Stadtgründern, entwickelte sich zwischen dem Stadtpfarrer und mir ein Verhältnis, das mit Giovannino Guareschis „Don Camillo und Peppone" vergleichbar ist. Weshalb sich der katholische Pfarrer und der Sozi als Bürgermeister gegenüberstanden – wenn auch auf respekt- und humorvolle Weise –, ist für mich heute nicht mehr nachvollziehbar. Wahrscheinlich hat es damit zu tun, dass der Stadtpfarrer die überwiegend katholische Bevölkerung hinter sich wusste, während ich der evangelischen Kirche angehörte und mich deshalb bemühte, beide Kirchen gleich zu behandeln. Das war nicht immer einfach.
So erinnere ich mich an die renovierungsbedürftige St. Laurentius Kirche. Da gab es zwischen mir und dem Stadtrat ein Gezerre um einen hohen städtischen Zuschuss, der – nach meiner Ansicht - in gleicher Höhe auch der evangelischen Kirche gewährt werden sollte, auch wenn sie gar nichts zu investieren hatte. Zu guter Letzt erhielt die katholische Pfarrgemeinde ihre Förderung mit der Zusage an die evangelische Kirchengemeinde, dass bei einer fälligen Investition ein städtischer Zuschuss in gleicher Höhe gezahlt wird. Bewogen zu diesem Kompromiss hat mich ein Vertrag aus dem Mittelalter, den mir ein neuer Don Camillo unter die Nase hielt. Danach wäre die Stadt verpflichtet gewesen, dem katholischen Ortsgeistlichen jährlich 96 Flaschen guten Weines zu überlassen, den er als Messwein zu verwenden habe. "Diesen Vertrag hat die Gemeinde nie erfüllt!", klagte er und rechnete vor, dass die Stadt der Kirchengemeinde damit umgerechnet rund 750.000 Mark bzw. 375.000 Euro schulde. Dieses Argument überzeugte mich nur fast. Vor allem deshalb, weil das Dokument in mittelhochdeutscher Sprache abgefasst war und ich es nicht lesen konnte.

Es war dann an der Zeit, das renovierte Kirchengebäude zu besichtigen. Im Vorfeld der öffentlichen Weihe hatte der katholische Pfarrer Ehrengäste in die St. Laurentius Kirche eingeladen. Auch mich. Alle Gäste versammelten sich in der Nähe der Kirche, um gemeinsam dorthin zu gehen. Irgendwie hatte ich es eilig und übernahm daher die Aufgabe des Pfarrers. Ich schritt nämlich beherzt voran und der Stadtpfarrer mit seinen Gästen folgte mir. Kaum öffnete ich dort angekommen das Kirchenportal, heulte eine Sirene auf und das in einer Tonlage, die einem Pulk von Einsatzfahrzeugen alle Ehre gemacht hätte. Kommentar des Pfarrers: „Das ist mein Haus, Ihres ist nebenan!" Allerdings wusste auch er nicht den Grund des Alarms.

Ein anderes Mal stand die Einweihung eines städtischen Kindergartens an, der mit erheblichem Kostenaufwand saniert und renoviert worden war. Für die Einweihung war ich zuständig, vergaß aber den Stadtpfarrer. Es war aber üblich, dass auch in weltlichen Gebäuden der Pfarrer die Weihe vollzog. Stur wie er sein konnte, meldete er sich auch nicht, obwohl ihm das anstehende Ereignis zugetragen worden war und der Kindergarten nur 50 Meter von seinem Arbeitsplatz, nämlich der Stadtkirche und dem Pfarrhaus, entfernt war. Nichts Böses ahnend suchte ich den Kindergarten auf, um eine kurze Eröffnungsrede zu halten. Sie war kürzer als ich dachte. Denn mitten in meiner Ansprache begannen zur Unzeit die Kirchenglocken zu läuten, so dass ich mein eigenes Wort nicht mehr verstand. Die Gäste und ich schauten uns fragend an und dachten schon an das Schlimmste: Großbrand, Flugzeugabsturz etc. Aber der Schlimme war – in den Augen der Ortsgeistlichkeit – nur ich; und das Schlimme war, dass der Pfarrer nicht eingeladen war und ein Kindergarten ohne seinen Segen doch gar nicht funktionieren könne; das erklärte er mir dann später.

81   Ein Gemeinderat stellt sich um

Als wieder einmal der Gemeinderat tagte, fiel mir auf, dass alle Männer stets in dunklen Anzügen mit passender Krawatte daherkamen und die Frauen fast im Theateroutfit. Ich hielt es aber noch für zu früh, dem Gremium beizubringen, dass es hier um Arbeit und nicht um eine Modeschauen ging. Daher saß ich in passender Arbeits-Kleidung unbekümmert, aber pünktlich auf meinen Vorsitzenden-Stuhl und harrte der Stadträte, die da kommen sollten. Langsam trudelten sie ein, setzten sich und fingen an, miteinander zu reden. So nicht mit mir. Höflich, aber auch bestimmt bat ich um künftige Pünktlichkeit und dann um „Ruhe!". Diese Ansprache kannte das Gremium wohl bisher nicht. Es war sofort mucksmäuschenstill und künftig waren auch alle Mitglieder pünktlich. Die Kleiderordnung änderte sich im Laufe der Zeit von selbst, weil ich es vorzog, häufig auch Pullover zu tragen und auf Jackett und Krawatte zu verzichten.

82 Der Munistall

Ein andermal und reichlich vor Sitzungsbeginn wurde ich Zeuge einer angeregten Unterhaltung. Ich hörte aufmerksam zu, hatte aber überhaupt keine Ahnung, wovon die Rede war. Ich vernahm nur „Munistall". Munistal hier, Munistall dort und Munistall überhaupt. Schließlich schaltete ich mich ein und wollte wissen, worum es ging. Betretenes Schweigen war die Antwort, jeder sah peinlich berührt zum anderen. Die Verlegenheit steigerte sich zur allgemeinen Unsicherheit. Auf meine Bitte hin, mir doch endlich zu erklären, was ein „Munistall" sei, nahm sich einer der Stadträte ein Herz und klärte mich auf: „Herr Bürgermeister, das ist ein Eroscenter für Kühe!" Eine stille Ahnung beschlich mich, mein alemannisches Sprachlexikon klärte mich später vollends auf. Man hatte über einen Stall für einen Zuchtbullen diskutiert. Das Gebäude war kurz vor Beginn meines Amtsantritts abgebrannt und es ging nun um die Frage des Wiederaufbaus. Darauf wurde später verzichtet.

83 In Vino ...

Jeder Stadtteil hatte seinen Ortsvorsteher und einen Ortschaftsrat. Man könnte über das Für und Wider dieser Organisationsform ein dickes Buch schreiben. Verständlich, dass jeder Stadtteil versucht, für sich das Meiste und Beste an Investitionen herauszuholen. Daher muss ein Bürgermeister höllisch aufpassen, dass er nicht zwischen alle Fronten gerät und dabei zerrieben wird. Der Ortsvorsteher in Nordweil, Erhard Hensle, war ein sehr umgänglicher Kollege und Verhandlungspartner. Der spätere Ehrenbürger der Stadt hatte bei wichtigen Gesprächen für sein Gegenüber stets eine gute Flasche Wein unter dem Arm, die er, mehr beiläufig, irgendwo im Zimmer wortlos abstellte. Erhard Hensle konnte sich das erlauben: Er war Winzer und Küfermeister.

Weil von Wein die Rede ist, – Kenzingen liegt in der Nähe des Kaiserstuhls und ist Weinbaugemeinde. Ein Besuch bei allen Weinfesten ist bürgermeisterliche Pflicht. Mein erstes Weinfest, zu dem ich eingeladen worden war, würde ich heute noch gern vergessen. Im Stadtteil Bombach wohnte ein Großwinzer mit seiner Familie. Seine anerkannt guten Weine vermarktete er in ganz Deutschland und darüber hinaus. Der Aufbau eines Weinstandes beim örtlichen Weinfest war eine Selbstverständlichkeit. Weil ich den Winzer Gert Hügle persönlich gut kannte, verbrachte ich – nach pflichtgemäßem Rundgang – die anschließende Zeit an seinem Weinstand. Ich war und bin kein Weintrinker und hatte natürlich keinen Schimmer von den diversen Weinen. Wenn ich mich schon überwinden musste, die flüssigen Reben zu mir zu nehmen, dann sollten sie aber auf jeden Fall süß sein. Das hatte sich bis zu Gert Hügle herumgesprochen. Jedenfalls spendierte er mir bei diesem Weinfest großzügig ein Glas nach dem anderen. Und der darin enthaltene Wein entsprach voll meinem Geschmack – er war zuckersüß. Nach einiger Zeit bemerkte ich jedoch, dass irgendetwas mit mir nicht in Ordnung war. Die Weinlauben wurden optisch größer, die Besucher vermehrten sich und ich wurde schweigsamer, weil meine Zunge mir nicht mehr folgte. Es bahnte sich ein in der Öffentlichkeit zu vermeidender Vollrausch an. Geschuldet meinem Freund, dem Winzer, der mir ständig Eiswein ins Glas gegossen hatte. Eine der edelsten Weine, aber auch ein hochprozentiger Wein; gelesen nach den ersten Frosttagen und in der Regel verkostet als Dessertwein in kleinsten Gläsern. Aber das erfuhr ich erst viel später. An diesem Abend habe ich mich schnellstens vom mobilen Abschleppdienst vor dem Untergang retten lassen.

84 Alles hat ein Ende, – nur die Amtszeit zwei

Es nahte das Ende meiner achtjährigen Amtszeit. Ich war noch keine 45 Jahre alt und stand 1987 vor der Wiederwahl. Für mich ging es dabei um alles oder nichts. Mein Beamtenverhältnis auf Lebenszeit hatte ich nach meiner Erstwahl aufgeben müssen, an einer Pensionsberechtigung fehlten mir ganze 16 Tage. Würde ich scheitern, wäre ich arbeitslos. Deshalb war diesmal der Druck größer als acht Jahre zuvor. Aber dieses persönliche Problem hielt ich unter der Decke.

Dennoch wurde die psychische Belastung nicht kleiner. Hatten sich doch zwei Mitbewerber gemeldet, gegen die ich mich durchsetzen sollte. Das Wahlkampfprozedere war wie beim letzten Mal, deshalb kann ich auf Einzelheiten verzichten. Schlussendlich konnte ich mich mit 63 % der Wählerstimmen durchsetzen. Aber danach war ich urlaubsreif.

85 Die Diagnose

Zurückgekehrt aus dem Urlaub fühlte ich mich schon nach drei Wochen furchtbar müde, abgespannt und völlig antriebslos. Ich befand mich immer noch in meiner ersten Amtszeit, die erst Anfang April 1987 endete. Mein örtlicher Hausarzt, Dr. Eberhard Kimmi, überwies mich sicherheitshalber erst einmal zu einem Nervenarzt, auch Neurologe oder Psychiater genannt. Ich hoffe, er hat es nicht getan, weil er meinte, ich hätte den Warnschuss nicht gehört. Weil meine Rezeptoren offensichtliche in Ordnung waren, entschied sich der Hausarzt für meine Untersuchung im Universitätsklinikum Freiburg. Dort untersuchte man mich von Kopf bis Fuß und attestierte mir, dass ich schwer erkrankt war und das auch noch ohne Aussicht auf Heilung. Ein lebenswichtiges Organ begann, mit steigender Tendenz zu streiken. Ein für mich niederschmetternder Befund, auch wenn die Hoffnung bestand, dass der Verlauf langfristig schleichend sein könnte. Ich gehörte durch meine Erfahrungen zu den Menschen, die Schicksalsschläge gut verkraften können. Abwechslung bot mir meine Arbeit, die ich sehr gern erledigte, mich voll ausfüllte und deshalb mein gesundheitliches Problem in den Hintergrund treten konnte. Massiv erinnert wurde ich durch die kurzen, ständig wiederkehrenden Kontrolluntersuchungen und Behandlungen durch einen hervorragenden Internisten, über den das frühere Städtische Krankenhaus in der Nachbarstadt Herbolzheim verfügte. Dr. Berthold Jäckle war nicht nur mein mich behandelnder ausgezeichneter Spezialist, sondern er besaß auch ein ausgeprägtes Einfühlungsvermögen, das ich nicht selten als Trost empfunden habe. Hinter ihm stand Prof. Schollmeyer, ein Facharzt aus dem Universitätsklinikum Freiburg, der mich dort während meines mehrmaligen stationären Aufenthalts betreute.

Weil ein Problem allein selten ist, erwischte es mich an einem sonnigen Tag in der Großen Kreisstadt Emmendingen auf ganz andere Art. Urplötzlich und wie ein Schlag aus heiterem Himmel wurde plötzlich mein rechtes Bein taub und verlor das Gefühl. Mit der Folge, dass ich mitten in der Stadt umfiel und einen Menschenauflauf verursachte. In der Freiburger Klinik wurde ein „eingeklemmter Nerv" diagnostiziert. Mehrmals habe ich mich beharrlich geweigert, mich ans Messer zu liefern. Das war auch richtig, denn in der ebenfalls in Freiburg ansässigen Mooswald-Klinik stellte sich nach konservativen Behandlungen meine Gehfähigkeit wieder ein. Dies führte zur Erkenntnis, dass in Deutschland wahrscheinlich zu früh und damit unnötigerweise operiert wird.

86 Herbolzheim, – Konkurrent oder lieber Nachbar?

Liegen zwei Städte oder Gemeinden nebeneinander, entwickeln sich im Laufe der Zeit, zumeist schon in Gründungszeiten, pseudoklimatische Schwierigkeiten. Selbst ein trennender Bach wird da schon einmal als flussgleiches und unüberwindbares Hindernis empfunden, auch wenn in der nachfolgenden Schilderung das Rinnsal mit einer Breite von zwei Metern nur „Bleiche" heißt. Das gilt für die Städte Köln und Düsseldorf oder für Frankfurt am Main und Offenbach, – ebenso wie für Kenzingen und Herbolzheim. Das geht so weit, dass sich der Herbolzheimer Leser bereits jetzt Gedanken darüber macht, weshalb es im letzten Satz nicht Herbolzheim und Kenzingen heißt. Der Grund für dieses ständige, nicht selten neidvolle Schielen auf den Nachbarn, verbunden in liebevoller Ironie, die bis zur ausgeprägten Schadenfreude reicht, liegt häufig in der geschichtlichen Entwicklung. Herbolzheim hatte sich im Lauf der Zeit vom Gewerbeflecken zu einer industriell orientierten Kleinstadt mit der dafür erforderlichen Infrastruktur entwickelt. Im Gegensatz dazu war und ist Kenzingen heute noch Sitz des Amtsgerichts, des staatlichen Notariats und anderer Behörden. Die Stadt hatte also mehr den Charakter eines kleinen, aber feinen Amtsstädtchens, pflegte es und ruhte sich darauf aus. Dieses ungesunde Beharrungsvermögen der „Perle im Breisgau" hat sich zwischenzeitlich durch seine wirtschaftliche Entwicklung erheblich geändert. Zu einer rückläufigen Animosität trägt das Kenzinger Gymnasium bei, dessen Einzugsbereich auch die Nachbarstadt erfasst. Die Schülerinnen und Schüler beider Städte und der Umlandgemeinden sind unbekümmerter als Alteingesessene oder Unbelehrbare. Sie lernen und pflegen ein Zusammengehörigkeitsgefühl, das Vorbehalten jeglicher Art keinen Platz lässt.

Ich bin heute noch froh darüber, dass ich als Zugereister mir eine Neutralität erhalten konnte, die mir eine sachbezogene Zusammenarbeit mit meinem Nachbarkollegen, dem ebenfalls zugereisten Klaus Hoffmann und dessen Nachfolger erlaubte. Es ist nicht zu bestreiten, dass die Konkurrenz das Geschäft fördert, aber ohne gegenseitiges Verständnis und der Pflege von Gemeinsamkeiten geht es nicht. Wenn zwischen den ohnehin nicht sichtbaren Stadtgrenzen stets ein Hauch von Vorbehalten liegt, die bis zum Entwicklungsneid ausufern können, dann schadet das letztlich jeder Stadt oder Gemeinde. Davon kann zwischen den beiden badischen Kleinstädten zwar nicht die Rede sein, aber Frankfurt und Offenbach sind ein Musterbeispiel für kommunale Halsstarrigkeit und Egoismus. So halten Frankfurts Busse und Straßenbahnen an einer die Stadtgrenzen trennenden Ampelanlage. Die Fahrgäste steigen aus den öffentlichen Verkehrsmitteln aus, zahlen neu und steigen in das danebenstehende Fahrzeug der Nachbarstadt ein. Dem Rhein-Main-Verkehrsverbund, der sich aus dem Frankfurter Verkehrsverbund entwickelte, vermag sich die Stadt Offenbach einfach nicht anzuschließen.

87   Die zweite Amtszeit

Das Gremium und ich hatten uns schon lange vorher arrangiert und es sollten weitere acht Jahre fruchtbarer Zusammenarbeit folgen. Es wäre der falsche Platz, würde ich an dieser Stelle die Ergebnisse unserer gemeinsamen Arbeit schildern. Wen es interessiert, der findet am Schluss dieser kurzen Autobiografie eine Übersicht über Lektüre, die für Laien und Fachleute gleichermaßen interessant sein kann. Empfehlenswert ist insbesondere die zweibändige Kenzinger Stadtchronik.

88 Der Kopf des Heiligen Nepomuk

Meine Frau und ich überlegten, im Stadtgebiet ein Haus- oder Grundstück zu erwerben. Nicht von der Gemeinde, weil es zu Spekulationen Anlass gegeben hätte; das wollte ich mir ersparen. So kaufte ich ein kleines Fachwerkhaus an der Elz. Das kleine Flüsschen bildet die südliche Grenze des Stadtgebietes und ist an manchen Plätzen zur Erholung wie geschaffen. An der Grundstücksgrenze stand eine Sandsteinsäule mit einer aus dem späten Mittelalter stammende Büste des um 1350 geborenen Heiligen Nepomuk. Der 1729 heiliggesprochene Johannes Nepomuk ist u. a. Schutzpatron der Brücken, daher ist seine Statue dort häufig anzutreffen. Es wäre müßig zu klären, weshalb die mehr als 200 Jahre alte Kopfskulptur mitten auf der Grenze stand und sowohl dem Nachbargrundstück als auch meinem neu erworbenen Grundstück zuzuordnen war.

Eines schönen Tages war die Büste verschwunden und das kleine Gartengelände beider Grundstücke zierte nur noch die Sandsteinsäule. Ich hielt die klammheimliche Entfernung des Nepomuk-Kopfes für einen Kulturfrevel und schaltete daher die Polizei ein. Dabei ging es mir nicht um die Sicherung eines persönlichen Besitzes, sondern um den Erhalt des kleinen Denkmals für die Stadt. Es begann ein großes Rätselraten, das auch das öffentliche Interesse weckte. Nach mehreren Wochen vergeblicher Suche ging der Leiter der örtlichen Polizeistation zu meinem Nachbarn, um nach Hinweise über den Verbleib des Kopfes zu suchen. Ich kam dazu und nach einem langen Gespräch wollte der Polizist das Haus besichtigen. Entweder war es eine Fügung des gemeindlichen Schicksals oder der Heilige Nepomuk hatte seinen Kollegen, den Heiligen Antonius von Padua, Schutzpatron für das Wiederauffinden verlorener Gegenstände, um Amtshilfe gebeten. Denn ich suchte gerade mit nachbarlichem Einverständnis das Schlafzimmer auf und sah mich um. Ich war schon auf dem Rückzug, als mir das hohe Bett auffiel. Neugierig warf ich einen Blick darunter und was entdeckten meine Augen, denen ich kaum traute: den Kopf des Heiligen Nepomuk!

In einer Nacht- und Nebelaktion hatte der Nachbar die Büste vom Sockel geholt, weil er der Ansicht war, dass diese Skulptur sein Eigentum wäre. Dagegen vertrat ich die Auffassung, dass aufgrund des Säulenstandortes zumindest beide Grundstückseigentümer Eigentumsrechte geltend machen können und empfahl daher, die Kopfskulptur wieder auf den Sockel zu setzen. Meine Nachbarn waren damit überhaupt nicht einverstanden und so entfachte sich ein monatelanger Streit darüber, wer nun Eigentümer sei. Dieser Streit endete mit einem Kompromiss. Meine Nachbarn übergaben die Büste dem Landrat mit der Auflage, dass sie während meiner Amtszeit als Bürgermeister nicht mehr nach Kenzingen zurückkehren darf. Beim Landrat schien mir der steinerne Kopf des Heiligen gut aufgehoben und im Jahre 1995 konnte sie meine Nachfolgerin wieder in die Stadt zurückführen. Dort ist die Büste noch heute.

89 Großprojekt Balgerstraße

Ein Großprojekt, das es zu verwirklichen galt, möchte ich nicht unerwähnt lassen. Es war die Sanierung der Balgerstraße. Eine Straße mit einer Länge von etwas mehr als einem Kilometer, links und rechts mit eng stehenden wie auch hohen Platanen, die auf dem schmalen Gehwegen standen. Grund des Straßenbauprojektes war die notwendige Erneuerung der Kanalisation. Denn die Platanen zeichnen sich durch starkes Wurzelwerk aus, das sowohl in die Tiefe als auch in die Breite geht. Das Wurzelwerk der eng stehenden und kräftigen Platanen hatte das Kanalsystem in voller Länge angegriffen und die Gehwege erheblich angehoben. Als bekannt wurde, dass im Zuge der Kanalisationsarbeiten alle Platanen entfernt werden müssten, entwickelte sich eine engagierte öffentliche Diskussion um das Für und Wider der anstehenden Platanenabholzung. Dazu gründete sich auch eine Bürgerinitiative. An deren Spitze stand die grüne Rathausfraktion Alternative-Bürger-Liste, kurz ABL. Der schlossen sich zwar nur wenige an, trotzdem nahm der Bürgerprotest groteske Formen an. Er reichte von Demonstrationen bis zu an mich gerichtete Drohbriefe, Morddrohungen eingeschlossen. Einer der Absender wohnte sogar in den USA und vermutete dort die Verschandelung seiner Heimatstadt. Ein Bürgermeister hat in dieser Situation nur zwei Möglichkeiten: Entweder beugt er sich der kleinen und lautstarken Initiative – und ignoriert dabei die Mehrheit der Bevölkerung – oder er stellt sich der Situation und setzt den Willen des Gremiums durch, das sich für die Entfernung der Platanen entschieden hatte! Da erhielt ich aus einer Ecke, aus der ich es nun gar nicht erwartet hatte, den Hinweis, dass das Entfernen der Bäume mit körperlichem Einsatz und unter Führung der Grünen verhindert werden sollte. „So mit mir nicht!", dachte ich und lud sogleich die Vollzugspolizei und alle Mitarbeiter des Betriebshofes zu einer vertraulichen Besprechung in späten Abendstunden ein. Dabei wurden wir uns schnell einig: Gleich am nächsten Morgen um fünf Uhr begann das technische Personal, die Platanen zu fällen. Als ich gegen sechs Uhr dort eintraf, saßen Mitglieder der Grünenfraktion auf den Bäumen, um deren Fällung zu verhindern. Der Großeinsatz der Vollzugspolizei stand an. Eigentlich hatte ich vor, den Baum-

besetzern zum Frühstück Bananen in die Bäume zu werfen. Eine Provokation, die ich im Interesse der Sache unterlassen habe. Die besetzten Bäume wurden zunächst ausgespart, der Rest entfernt. Irgendwann würden die Besetzer gewiss genug haben und von den Bäumen klettern, vermutete ich. So kam es auch.
Selbstverständlich waren anschließend neue Baumpflanzungen vorgesehen und wurden auch durchgeführt. Heute ist die Balgerstraße eine der schönsten und längsten Alleen, über die eine Kleinstadt verfügen kann.

Es ist mir erst später bewusst geworden, wie sich die Grünen verändert haben. In ihrer Ausrichtung unterscheiden sie sich heute kaum mehr von den etablierten Parteien. Heute geht es um Machterhalt und damit um Wählerstimmen, – und die finden sie nicht mehr in den Wählerschichten der Anfangsjahre. Die meisten Stimmen für die sogenannten Ökologen kommen heute aus dem gehobenen Bürgertum. Dabei handelt es sich in der Regel um gut betuchte Menschen aus der Oberschicht. Ein klassisches Beispiel für das ausschließliche Machtbedürfnis ist in Hessen zu finden. Seit 2014 regiert dort eine schwarz-grüne Koalition, an deren Spitze Tarek Al-Wazir als stellvertretender Ministerpräsident steht. Die politischen Kehrtwendungen der Landespartei Bündnis 90/Die Grünen, die diese Koalition ermöglichten, sind mehr als beachtlich. Einmal abgesehen von den heftigen persönlichen Verletzungen, die sich der hessische Ministerpräsident Volker Bouffier und Tarek Al-Wazir während des Wahlkampfes zugefügt haben.

90 Kultur

Kenzingen machte auf mich den Eindruck, als sei es ein unauffälliges Breisgau-Städtchen, das vor sich hindämmert, auch dank der konservativen Grundhaltung seiner Bevölkerung und einer Oberschicht, die ich als „Kenzinger Adel" empfand und die über Jahre hinweg, durch direktes und indirektes parteipolitisches Engagement, das Schicksal dieser Stadt bestimmte. Wenige Familien engagierten sich in allen Bereichen des täglichen Lebens und bemühten sich um Traditionspflege und um das Althergebrachte. Diese Haltung verstärkte eine gewisse Schwerfälligkeit und verhinderte somit den dringend notwendigen Aufbruch in die Moderne. Das betraf und behinderte alle neuen technischen Errungenschaften, die Modernisierung der Stadtentwicklung und den gesellschaftspolitischen Aufbruch. Es würde dieses Büchlein sprengen, darauf näher und konkreter einzugehen. Jedenfalls empfand ich es als äußerst schwierig, diese Zurückhaltung vorsichtig und damit angemessen aufzubrechen.

Zu meinen Bemühungen gehörte auch eine ein breites Kulturangebot. Nicht zuletzt deshalb, um insbesondere junge Menschen anzusprechen, sie für ihre Stadt zu interessieren und sie auch kritisch zu begleiten. Das war ein schwieriges Unterfangen insbesondere durch die Lage der Stadt. Nicht weit entfernt war zum einen Freiburg, die durch die Studenten gewachsene, offene und tolerant gewordene badische Metropole. Zum andere war in der Nähe der „Europa-Park", der weit über die Grenzen Deutschlands hinaus bekannte Vergnügungspark in Rust. Daher war es erforderlich, andere kulturelle Schwerpunkte zu setzen. Ich wählte dazu Großveranstaltungen, Ausstellungen und Lesungen, die das Interesse weit über die badischen Grenzen hinaus weckte. So organisierte ich, gemeinsam mit den örtlichen Vereinen, zunächst das Kenzinger Stadtfest, das sich zum Historischen Altstadtfest entwickelte und sich überregional großer Beliebtheit erfreut. Es folgten Ausstellungen mit Farbradierungen und Gouachen des Künstlers Alois Janak, der damals in der Schweiz lebte. Gerne denke ich auch an die Grass-Ausstellung zurück. Von dem verstorbenen deutschen Nobelpreisträger Günther Grass, der mehr durch seine literarischen Werke als durch seine Grafiken, Skulpturen und Plastiken bekannt und berühmt wurde, hängt noch heute im Kenzinger Rathaus ein von ihm geschaffenes Selbstbildnis.

Eine Besonderheit war, dass in diesem Kenzinger Rathaus nur Künstler ausstellen durften, die am Tag der Eröffnung persönlich anwesend waren. Die galt auch für Günther Grass, der nach der Ausstellungseröffnung und einer anschließenden Lesung mit seiner Ehefrau an einem gemütlichen Abendessen teilnahm und mit den geladenen Kenzingern munter plauderte. Auch der damals in Paris lebende Johnny Friedlaender, der Meister der farbigen Druckgrafik, stellte seine international bekannten Radierungen und Aquarelle im Breisgaustädtchen aus und suchte das Gespräch mit Bürgerinnen und Bürgern.

Mehrere Großveranstaltungen, wie z. B. der öfter durchgeführte und stets mit einem Motto belegte „Ball der Stadt Kenzingen", so zuletzt „Die weiße Nacht". Es handelte sich dabei um Tanzveranstaltungen mit rund tausend Besuchern, begleitet von international bekannten Kapellen und Musikgruppen. Darunter die international bekannten Gesangsgruppen „Dschinghis Khan" und „Wind". An deren Auftritt, Zugaben und fröhliches Feiern bis in die frühen Morgenstunden werden sich noch viele erinnern, - wenn auch „etwas verschwommen". Die Künstler fühlten sich hier sichtlich wohl und feierten nach ihren Auftritten kräftig mit.
Mögen manche Menschen derartige Veranstaltungen als elitär empfunden und ihnen deshalb kritisch gegenüber gestanden haben, so sorgten Ausstellungen junger Künstler aus dem Umland für den nötigen Ausgleich.
Auch das Kenzinger Gymnasium fühlte sich aufgerufen, zur städtischen Kultur beizutragen. Es veranstaltete unter Leitung seines Musiklehrers Walter Willig das bekannte Chorwerk „Carmina Burana" von Carl Orff. Die Aufführung wurde zu einer auch überörtlich viel beachteten musikalischen Glanzleistung dieser Bildungseinrichtung.

91   Flott unterwegs, – Erfahrungen mit Autos

Da ich kein Dienstfahrzeug hatte und auch keines wollte, machte ich meine Dienstfahrten mit meinem privaten Fahrzeug und erhielt eine festgelegte Fahrtkostenerstattung. Meistens hatte ich es eilig. So auch Anfang der 90er Jahre, als ich durch „meine" Stadt fuhr, um annähernd pünktlich einen Gesprächstermin im Rathaus der Nachbarstadt Herbolzheim wahrzunehmen. Daher bretterte ich mit reichlich überhöhter Geschwindigkeit über die damals durch Kenzingen führende Bundesstraße. An der Stadtgrenze stand die Vollzugspolizei und führte eine Geschwindigkeitskontrolle durch. Sie belästigte mich mit ihrer roten Kelle, daher hielt ich an und versuchte, die Angelegenheit schnell zu regeln, denn ich hatte es ja eilig, – aber nicht der Polizist:

„Guten Tag, Geschwindigkeitskontrolle!"
„Ist in Ordnung, ich habe es eilig. Was muss ich zahlen?"
„Bitte Ihre Papiere, Führerschein und Personalausweis! Aha ... und wo wohnen Sie?"
„In Kenzingen!"
„Wissen Sie, warum wir Sie angehalten haben?"
„Nein!"
„Sie sind zu schnell gefahren, hier sind 50 km vorgeschrieben, Sie sind 78 km gefahren!".
„So, hm, hm, ... so schnell habe ich das gar nicht empfunden!"
„Was sind Sie von Beruf?"
„Bürgermeister!"
„Wo?"
„Hier, im Ort, – in Kenzingen!"

Die Geschwindigkeitskontrolleure waren aus Freiburg und kannten mich nicht. Das süffisante Grinsen dieser Grünröcke rang auch mir ein Lächeln ab. Es verging mir aber später, als ich den gesalzenen Bußgeldbescheid erhielt.

Mit meinen zahlreichen Fahrzeugen, die ich im Verlauf meines Lebens fuhr, hatte ich häufig Probleme. Da gab es Knöllchen, die mir ausgerechnet der von mir neu eingestellte Mitarbeiter verpasste, der den ruhenden Verkehr überwachen sollte. Und dann krachte es auch noch: Nach einem Besuch der Grundschule hatte ich es nach einer Besprechung wieder einmal eilig. Ich stürmte in meinen Pkw, warf den Rückwärtsgang ein und trat mit voller Kraft auf das Gaspedal. Auf dem gesamten Schulhof befand sich nichts, fast gar nichts. Bis auf einen in der Mitte stehenden Baum, der ausgerechnet mir und meinem PKW im Weg stand. Für die Reparaturkosten hätte ich einen achttägigen Urlaub auf Mallorca finanzieren können. Abgesehen davon, dass das Fahrzeug meiner Frau gehörte, denn meines war in der Werkstatt.

Aus irgendeinem Grunde musste ich einmal beruflich zum Städtetag nach Heidelberg und am selben Abend wieder zurück. Bei der Rückfahrt schleuderte ich bei Blitzeis auf der Autobahn gegen die Mittelplanke, hob ab und schoss rechts in ein Waldstück. In diesem Augenblick hört jeder Mensch auf zu denken. Ich saß in einem Auto, das sich im Höhenflug befand, rechts und links rauschten Baumstämme und Baumgipfel vorbei. Ich ergab mich meinem Schicksal. Zu meiner großen Überraschung stellte sich kein Baum in den Weg und nach einer Zeit, die mir endlos lang vorkam, landete der fast neue Mittelklassewagen mit allen vier Rädern mitten im Wald. Totalschaden. Doch dass ich diesen Unfall sogar ohne eine Schürfwunde überstanden habe, empfinde ich heute noch als Wunder. Die Unannehmlichkeit einer Übernachtung und die verspätete Rückkehr an meinen Arbeitsplatz waren daher gut zu verschmerzen.

Ein andermal war Karlsruhe mein Ziel. Es war ein kurzfristig angesetzter Termin und meine Frau besuchte gerade ihren Sohn in Koblenz – mit meinem Fahrzeug. Ein Kenzinger Glasermeister, Walter Opitz, lieh mir seinen Audi. Auf der Autobahn merkte ich, dass der Wagen sich weigerte, schneller zu fahren. In Höhe von Rastatt gab es einen dumpfen Schlag, Rauchschwaden drangen aus der Motorhaube und im Innenraum des Fahrzeuges roch es plötzlich sehr streng. Ich fuhr rechts auf die Standspur und stieg aus, um den ADAC anzurufen. Der kam schnell und stellte fest: Kolbenfresser. Ich war gewohnt, mit Automatikgetriebe zu fahren, und hatte vergessen, dass mein Leihwagen ein Schaltgetriebe

hatte. Im dritten Gang mit Vollgas über die Autobahn zu jagen, ruiniert jedes Fahrzeug. Außer dem Ärger war ein Batzen Geld für Abschleppkosten und den Ersatzmotor fällig.
Monate vorher hatte ich mir während eines Aufenthalts in Frankfurt a. M. die Limousine eines Freundes geliehen. Da versagte der Motor bereits während der Stadtfahrt. Den Grund dafür weiß ich heute noch nicht.

Eines schönen Tages hatten meine Frau und ich die Absicht, einen Kollegen im hessischen Bad Vilbel zu besuchen. Es war Winter und bitterkalt. Für die Fahrt benutzten wir einen geliehenen VW-Käfer, weil sich mein Fahrzeug wieder einmal in der Werkstatt befand. Bei der Rückfahrt hatten wir eine abschüssige Straße zu überwinden. Daher trat ich auf die Bremse, um die Geschwindigkeit zu reduzieren. Es tat sich allerdings nichts, rein gar nichts, denn die Straße war komplett vereist; der Wagen rutschte einfach weiter. Doch am Ende der Straße konnte nur scharf nach links oder scharf nach rechts abgebogen werden. Weil bei der Eisglätte die Bremsen nicht funktionierten und bei der Geschwindigkeit keine Kurve zu fahren war, blieb nur eine unfreiwillige Geradeausfahrt als Alternative. Dort stand allerdings eine verschlossene Garage, an die sich ein Maschendrahtzaun anschloss, der als Grundstücksbegrenzung diente. Ich stand also vor der Wahl, entweder in eine geschlossene Garage zu rutschen oder den Zaun zu durchbrechen und in einem Gartengrundstück zu landen. Weil ich nicht wusste, was mich in der Garage erwarten würde, entschloss ich mich für den Zaun, der sich auch willig meinem Fahrzeug beugte. Kaum mitten auf dem Grundstück gelandet kippte der geliehene Käfer rechts zur Seite und ich hatte als Fahrer den Eindruck, auf meine Frau als Beifahrerin hinabzublicken. Die Ursache war schnell gefunden. Als meine Frau die Fahrzeugtür öffnete, um auszusteigen, vernahm ich einen gellenden Schrei: Die rechten Räder standen in einem Goldfischteich. Vielleicht wäre es besser gewesen, doch durch die geschlossene Garage zu fahren.

Ich erinnere mich auch an einen Vorfall im Jahre 1975. Damals war die Zeil, Frankfurts Einkaufsmeile, noch befahrbar und rechts befand sich ein großes Möbelgeschäft. Ich fuhr mit brennender Zigarette im Mund die Zeil entlang und wollte dann rechts in die Parallelstraße abbiegen. Bei meinem Abbiegeversuch blieb mir aber die Zigarette an den Lippen kleben und ich rutschte mit Zeige- und Mittelfinger in die Glut. Dabei ließ ich das Steuer los und erreichte die Parallelstraße in Höhe des rückwärtigen Eingangs des großen Möbelgeschäftes. Urplötzlich flog ein Stuhl über die Motorhaube, es folgte ein Sofakissen und dann gab es einen laut hörbaren Knall. Ich hatte gar nicht gebremst und als ich ausstieg, bemerkte ich die Bescherung. Der linke Scheinwerfer meines Fahrzeuges hing in einem Wohnzimmerschrank und meine Stoßstange hatte eine Couch aufgespießt. Ich war in einer Anlieferung gelandet, die das Möbelhaus kurz vorher erhalten hatte. Es war Kommissionsware, die für das bevorstehende Weihnachtsfest von Kunden bestellt und zur Auslieferung bereits auf dem Gehweg abgestellt worden war. Ich sah mir die Bescherung an und suchte dann den Inhaber des Geschäfts, als ich plötzlich vor einem menschlichen Kleiderschrank stand. Vor lauter Schreck erklärte ich stotternd: „Draußen ... ist jemand ... in Ihre Möbel gefahren!" Er blickte mich kurz an, holte tief Luft und brüllte dann los. Seine Schimpfworte wiederzugeben, würde wohl zum Verbot dieser Lektüre führen. Als ich ihm dann vorsichtig erklärte, dass ich der „Jemand" wäre, wurde aus dem Kleiderschrank eine ganze Schrankwand. Den Rest regelten die Polizei und die Versicherung.

Im selben Jahr, die Frankfurter Zeil war noch eine Hauptverkehrsader, stand ich mit meinem schnittigen BMW plötzlich mitten auf der einzigen und verkehrsreichen Kreuzung der Hauptwache und blockierte den Verkehr. Der fahrbare Untersatz verweigerte jede Regung, – und ich rätselte, was nun wieder kaputt gegangen war. Wegen der Huperei an allen Ecken und Enden ließ ich das Auto stehen, eilte zur naheliegenden Tankstelle und bat dringend um Hilfe. Sie erschien in der Person eines Automechanikers, bepackt mit dem üblichen großen Werkzeugkasten. Nach einem ersten Blick in das Fahrzeug schaute er mich mit großen Augen an und meinte nur trocken: „Ich würde gelegentlich tanken!" Das war peinlich,- nichts war kaputt, der Tank war leer! Umso mehr ärgerte mich die Huperei. Daher lief ich zu dem hinter mir stehenden Fahrzeug und blaffte den Fahrer völlig entnervt an: „Ich hupe gern für Sie weiter, wenn Sie mir zwischenzeitlich Benzin geben!" Ein anderer Fahrer gab mir seinen Reservekanister und befreite mich damit aus meiner unangenehmen Situation. Der Vorfall war der Zeitung einen süffisanten Bericht über die Trotteligkeit von Autofahrern wert. Meiner Frau hatte ich das Vorkommnis verschwiegen. Im Gegenteil, ich las ihr den Artikel vor und schloss mit der Bemerkung: „Einige Fahrer haben ihren Führerschein wahrscheinlich im Lotto gewonnen!"

Hätte es für alle meine Pleiten, Pech und Pannen, die ich mit Autos hatte, in Flensburg Punkte gegeben, müsste ich noch heute im hohen Alter zu Fuß gehen.

92 Abschied vom Amt

Vielleicht trug auch die Arbeitsbelastung dazu bei, dass sich mein Gesundheitszustand weiter verschlechterte. Die stationären Behandlungen häuften sich und ich spürte, dass mich langsam meine Energie verließ und der Elan schwand. Ich hatte das dringende Bedürfnis, es öffentlich nicht anmerken zu lassen, auch nicht vor meinen Mitarbeiterinnen und Mitarbeitern. Diese Haltung kostete natürlich Kraft. Für stationäre Behandlungen wählte ich die Medizinische Universitätsklinik Bonn. Dort nahm mich deren Chefarzt, Professor Tilman Sauerbruch, unter seine Fittiche. Es war der Enkel von Ernst Ferdinand Sauerbruch, der berühmte und wohl bedeutendste Chirurg des letzten Jahrhunderts. Bekannt wurde er durch ein Verfahren, das es ermöglichte, den Brustkorb operativ zu öffnen, – und durch die von ihm entwickelte Oberarmprothese, den „Sauerbruch-Arm". Mit seinem Großvater hatte er etwas gemeinsam: Für ihn stand der Patient im Mittelpunkt und er arbeitete an und mit ihm, als sei er ein nahes Familienmitglied. Es war für den heute emeritierten Professor eine Selbstverständlichkeit, dass er seine Patienten selbst untersuchte und behandelte und sich nicht nur auf das Abfassen wissenschaftlicher Beiträge oder auf Vorlesungen in überfüllten Hörsälen beschränkte.

Meine zweite Amtszeit endete 1995. Bereits zwei Jahre vorher hatte ich mich schweren Herzens – aus den erwähnten gesundheitlichem Grund – entschließen müssen, nicht noch einmal zu kandidieren. Diese Entscheidung war mir deshalb nicht leicht gefallen, weil ich meinen Beruf liebte und jeden Tag mit Freude zur Arbeit ging. Dies ist auch die Voraussetzung für einen Arbeitstag mit regelmäßig bis zu 18 Stunden. Meine Verabschiedung im Kenzinger Rathaus überstand ich nur noch mit größter Kraftanstrengung. Meine Abschiedsworte waren deshalb ebenso kurz wie leise.

93   Meine Nachfolger

Als Nachfolgerin hatten sich die Wähler für eine Frau entschieden. Um juristische Plänkeleien zu vermeiden, versage ich es mir, mich hier über sie oder ihre Arbeit auszulassen. Jedenfalls dauerte ihre Amtszeit – nicht wie gesetzlich vorgesehen – acht Jahre, sondern nur rund fünf Jahre. Dann warf sie das Handtuch. Ihr Nachfolger, Bürgermeister Matthias Guderjan, macht seine Arbeit mit Sicherheit besser, denn er wurde auch in die dritte Amtszeit gewählt. Er wird wohl in der „Perle im Breisgau" mindestens 24 Jahre lang sein Amt bekleiden.

94 Abschiede

Aus gesundheitlichen Gründen verließen meine Frau und ich 1995, gleich nach Ablauf meiner zweiten Amtszeit, die schöne Stadt im Breisgau und zogen nach Neuwied. Eine Mittelstadt, nahe Koblenz und dem Rhein gelegen. Ich war noch keine 55 Jahre alt und hatte vor, mich außerhalb des öffentlichen Dienstes zu bewähren.

Wieder schlug das Schicksal zu. Meine Frau befiel eine heimtückische Augenkrankheit, die sie innerhalb von zwei Jahren erblinden ließ. Meine Tätigkeit als Geschäftsführer eines großen Kulturvereins, die ich zwischenzeitlich übernommen hatte, gab ich auf, um meiner Frau zur Seite zu stehen. Dies war auch dringend nötig, denn ihr Zustand verschlechterte sich zusehends. Dann erlitt sie auf dem Balkon unserer Wohnung in Neuwied mehrere Schlaganfälle in Abständen und bedurfte der dauerhaften Pflege. Irgendwann konnte ich die damit verbundenen Arbeiten nicht mehr leisten, weil meine eigene Erkrankung es nicht mehr zuließ. So widerfuhr meiner Frau das Schicksal, das ich jedem Menschen gern ersparen würde: die Aufnahme in ein Pflegeheim.

Es ist müßig, über die Erlebnisse in diesen sozialen Einrichtungen zu schreiben. Die ständigen öffentlichen Diskussionen über Pflegemängel sind hinreichend bekannt, die undurchsichtige Festlegung der Pflegestufen weniger. Insbesondere private, aber auch vereinsgetragene Alten- und Pflegeheime sind auf Gewinnerzielung ausgerichtet. Und je höher die Pflegestufe ist, desto mehr werden die Angehörigen oder Kostenträger belastet. Ich habe jedenfalls noch keinen privaten Betreiber einer solchen Einrichtung gesehen, der sich allein aus sozialer Verantwortung um eine menschenwürdige Pflege der Hausbewohner bemüht. Daran wird auch die im Jahre 2017 in Kraft tretende Pflegereform kaum etwas ändern.

Nach langem und schwerem Leiden wurde meine Frau im Herbst 2011 erlöst. Ohne Sohn, Schwiegertochter oder Enkel wiedergesehen zu haben, die sich Jahre vorher von der bereits erkrankten Mutter und Oma mit der Begründung endgültig verabschiedeten, sie hätten „keine Zeit für Heimtourismus". Dazu erspare ich mir jeden Kommentar, weil bei einer Entfernung von rund zwanzig Kilometern kaum von einer touristischen Veranstaltung die Rede sein kann.

95 Kampf um Gesundheit

Noch während des Aufenthalts meiner Frau im Pflegeheim verschlechterte sich mein Gesundheitszustand so sehr, dass ich befürchten musste, selbst zum Pflegefall zu werden. Doch ausgerechnet in der gar nicht so großen Stadt wurde mir eine entscheidende Hilfe zuteil. Zwar wurde ich anfangs von überörtlichen Spezialisten behandelt, jedoch haarscharf daran vorbei, die Erkrankung wenigstens zum Stillstand zu bringen oder deren Auswirkungen zumindest hinauszuzögern. Dem damaligen Chefarzt der Inneren Medizin im DRK-Krankenhaus Neuwied, Professor Feurle, bei dem ich mich vorstellte, war es gelungen, meine Erkrankung zwar nicht zum Stillstand zu bringen, jedoch den Verlauf entscheidend günstig zu beeinflussen. Er war Facharzt und Spezialist für die Erkrankungen innerer Organe. Ihm verdanke ich, dass ich weiterleben konnte. Der Mediziner zeichnete sich durch sein konsequentes Handeln und seine Direktheit aus. Einmal war ich wieder zur Magenspiegelung bei ihm. Ich lag auf der Pritsche und der Professor hielt bereits den von mir zu schluckenden Schlauch in der Hand, als der Pfleger mich beruhigend über den Kopf streichelte und mir Mut zusprechen wollte: „Bleiben Sie ganz ruhig, hier ist noch jeder wieder rausgekommen!" Trockene Bemerkung meines Professors: "Das stimmt nicht, vor zwei Jahren ist hier einer liegen geblieben und ich weiß heute noch nicht warum. Schuld war ich jedenfalls nicht!"

Ein ähnliches Erlebnis hatte ich später mit der Helferin meines Frankfurter Zahnarztes. Nachdem ihr Chef mir drei Kronen verordnet hatte, fragte sie mich ganz trocken: „Ob sich das bei Ihnen wohl noch lohnt?" Und das mir, im besten Alter von 72 Jahren.

96   Nach Frankfurt am Main

Nach dem Tod meiner Frau gab ich auch meine Arbeit als gerichtlich bestellter hauptberuflicher Betreuer auf und zog nach Frankfurt am Main. In die Stadt, die ich bereits aus den 70er Jahren kannte. Der Zufall wollte es, dass auch mein guter Freund Bernd aus Altersgründen sich zur Ruhe setzte. So entschlossen wir uns, gemeinsam eine WG zu gründen, die heute noch besteht.

Dieser Freund hatte wegen meiner Erkrankung und der damit verbundenen notwendigen Betreuung und Pflege mit mir einige Probleme. Wenn er geahnt hätte, was auf ihn zukommen würde, hätte er sich vielleicht doch nicht für eine WG mit mir entschieden. Dies bestreitet er heute energisch.

Im Jahre 2012 war es dann so weit. Meine Erkrankung war nicht mehr aufzuhalten, trotz einer hervorragenden Weiterbehandlung im Frankfurter Universitätsklinikum. Hinzu kam eine zunehmende Medikamentenunverträglichkeit, die mich überwiegend ans Bett fesselte. Daher stand ich auf der Warteliste für eine noch heute schwierige Organtransplantation und musste für die Frankfurter Universitätsklinik jederzeit verfügbar sein.
In dieser für mich äußerst schwierigen Situation bekam ich die notwendige medizinische Betreuung von Professor Sarrazin, damals stellv. Chefarzt der Inneren Medizin I, und Professor Vogl, einem international anerkannten Facharzt für diagnostische und interventionelle Radiologie.

97 Transplantation

Anfang März 2013 erhielt ich endlich den ersehnten Anruf der Klinik, als ich gerade in Neuwied war. Ich warf mich in das nächste Taxi und ließ mich umgehend in die Frankfurter Chirurgie bringen. Ich war gar nicht aufgeregt, auch als ich bereits auf dem Vorbereitungstisch lag und einiges über mich ergehen lassen musste. Das änderte sich schlagartig, als eine Ärztin das Vorzimmer zum Operationsraum betrat und mir verkündete: „Ich habe für Sie eine gute und eine schlechte Nachricht. Die schlechte: Der Zustand des angelieferten Organs ist miserabel! Wir können daher nicht transplantieren. Die gute: Sie dürfen wieder nach Hause!" Meine Gefühle drehte sich wie ein Karussell. Ich wusste nicht, ob ich vom Tisch aufstehen oder liegen bleiben sollte. Weil ich in Frankfurt wohnte, entschied ich mich für aufstehen und ließ mich von meinem wartenden Freund in die gemeinsame Wohnung fahren.
Die nächsten Tage und Wochen waren ein Ritt durch die Hölle, physisch und psychisch. Doch fünf Tage nach meinem 70. Geburtstag erreichte mich erneut ein Anruf der Klinik. Weil ich mich zu diesem Zeitpunkt wieder in Neuwied aufhielt, stürzte ich mich abermals in das nächste Taxi, – ich war das Anfahrts- und das medizinische Szenario ja bereits gewohnt. Nach entsprechender Vorbereitung lag mein Schicksal nun in Händen des Operateurs, dem Chefarzt der Allgemein- und Viszeralchirurgie Professor Bechstein. Als ich anschließend aus der Narkose wieder aufwachte und die Intensivstation um mich herum wahrnahm, wusste ich, dass ich eine neue Leber erhalten hatte. Selbst an einen Dialog während meiner kurzen Intensivbehandlung erinnere ich mich noch heute genau:

Assistenzarzt: „Lebertransplantation?"
Ich: „Ja!"
Assistenzarzt : „Ganze oder Teilleber?"
Ich: „Ganze Leber!".
Assistenzarzt: „Tod- oder Lebendspende?"
Patient: „Ähm ...??"

98 In großer Dankbarkeit

Die ärztliche Kunst erlaubt es mir, noch heute ein Leben mit nur mäßig eingeschränkter Lebensqualität führen zu können. Dafür danke ich vor allem dem unbekannten Organspender, allen behandelnden Ärzten und dem Pflegepersonal, ohne deren umfassende Versorgung ich nicht mehr leben würde!

Den Angehörigen des Organspenders, die ich nicht kenne und die ich auch nicht kennen darf, habe ich einen Brief geschrieben, den ich aus Dankbarkeit an dieser Stelle wiedergebe, aber auch als AUFRUF ZUR ORGANSPENDE verstanden wissen möchte:

Liebe Eltern,
liebe Angehörige,

es könnte bereits ein Fehler sein, Sie in dieser Form anzusprechen. Ich unterstelle einfach einmal, dass mein anonymer Lebensretter nicht nur Angehörige, sondern auch noch Eltern hat, die eine traurige Zeit hinter sich haben. Ich fühle, dass es sich um einen jungen Mann handeln muss, der mir durch seine Organspende das Leben gerettet hat.

Gern würde ich mehr über mich schreiben. Was mich bewegt und was ich denke. Das Anonymitätsgebot verbietet es mir. Leider. Dennoch möchte ich mit diesen Zeilen dazu beitragen, dass Sie den schrecklichen Schicksalsschlag, der Sie ereilt hat, zum Trost auch eine gute Seite abgewinnen.

Sie können stolz sein, einen Sohn und Angehörigen ein Leben lang begleitet zu haben, der ein offenes Herz für seine Mitmenschen hatte. Sie haben sicher ebenfalls dazu beigetragen, dass sich mein Lebensretter für eine Organspende entschieden hat.

Ich bin der glückliche Mensch, der im April d. J. eine Leber erhalten hat, die mir ein Weiterleben erlaubt. Was es mir auch erlaubt, in tiefer Dankbarkeit Menschen zu bewundern, die in selbstloser

Weise anderen Menschen lebensentscheidende Hilfe zuteilwerden lassen.

Die Organtransplantation habe ich sehr gut überstanden. Ich hoffe und wünsche mir, dass ich – auch mit Blick auf die hohe moralische Leistung des Spenders – weiterhin gute gesundheitliche Fortschritte mache. Dies würde es mir ermöglichen, mich dankbar an meinen Organspender zu erinnern.

Sie, als Empfänger dieses Briefes, begleiten meine von ganzem Herzen kommenden, besten Wünsche für Ihr weiteres Leben. Glück, Gesundheit und ein friedliches Miteinander sollen Ihre ständigen Partner sein.

Ich bedaure, Sie nicht persönlich kennenlernen zu können. Lassen Sie sich umarmen, ich drücke Sie lange und fest.

Liebe Grüße

Ihr stets dankbarer Organempfänger
Sept. 2013

99 Zum Schluss das Letzte

Vor meiner zweiten Abreise in die Frankfurter Chirurgie suchte ich in Neuwied Gregor, ein alter Freund, in seiner Wohnung auf. Gegen zwei Uhr morgens weckte ich ihn und teilte ihm mit, dass ich Neuwied im Schlafanzug verlasse und mit dem Taxi nach Frankfurt fahren müsse. Er war wohl im Tiefschlaf und hatte meine Worte nur verschwommen oder gar nicht mitbekommen. Wie ich später erfuhr, vermisste er mich am nächsten Vormittag und setzte eine wohl einmalige Suchaktion in Gang. Zunächst begab er sich an alle Orte innerhalb des Stadtgebietes, die uns gemeinsam bekannt waren, um mich vielleicht dort zu finden. Nach seiner ergebnislosen Sucherei rief er seine Freundin Hedwig Wald, auch Waldi genannt, an und teilte ihr mit, dass ich spurlos verschwunden sei und er Schlimmes befürchte. Sie alarmierte sofort das örtliche Polizeikommissariat. Um dem Suchen Nachdruck zu verleihen, verstieg sie sich gegenüber den hoheitlichen Helfern in die Behauptung: „Ich habe eine Vermisstenmeldung abzugeben. Gesucht wird Herr ..., er ist hilfsbedürftig, geistig leicht verwirrt und seit gestern spurlos verschwunden und nur mit einem Schlafanzug bekleidet. Ich kenne ihn genau, weil ich ihn gelegentlich betreue!"
Die Folge dieser bemerkenswerten, aber wohlgemeinten Behauptung war ein Sondereinsatz der Polizei, die alle öffentlichen Parks und Neuwieder Straßen abfuhr, in der Vermutung, mich irgendwo hilflos aufzufinden.
Am nächsten Tag nach dem Eingriff rief ich meinen Freund Gregor aus der Intensivstation an, – der war aber erstaunt. Und auch ich musste schmunzeln. Denn schon als Kind hatte ich den Eindruck, dass mich die Gesetzeshüter lebenslang verfolgen würden!

100   ... und das Allerletzte

Im Alter ist es zulässig, nach der Erkenntnis des eigenen Lebens zu fragen. Schaue ich zurück, so habe ich überhaupt keinen Grund, mit meinem Leben zu hadern. Die Jugend war nicht leicht. Auch wenn die geschilderten Erlebnisse und Erfahrungen heute vielen jungen Menschen als unwahrscheinlich oder sogar unmöglich erscheinen. Dennoch, ein Leben im Kampf mit sich und anderen formt und festigt die eigene Persönlichkeit, trägt dazu bei, die Bodenhaftung nicht zu verlieren, und weckt das Verständnis für die Sorgen und Nöte der Mitmenschen. Die materielle und seelische Not selbst zu erleben, stärkt Mitgefühl und Sympathie für die Schwachen in unserer Gesellschaft. Zum Ernst des Lebens gehört allerdings auch eine gesunde Portion Humor, mit der sich der Alltag besser bewältigen lässt und der dazu beiträgt, sich nicht selbst zu ernst zu nehmen.

Es trifft zu, dass der Mensch im Alter abgeklärter und abwägender wird, manchmal zum Unverständnis der jüngeren Generation. Doch würde die ältere Generation diese Eigenschaften nicht besitzen, würden junge Menschen heute keine Freiheit genießen können, die wir selbst früher nicht hatten, die wir der Jugend aber von Herzen gönnen!

Die Kehrseite der Freiheit ist allerdings die Verantwortung. Die Verantwortung gegenüber sich selbst und gegenüber der Gesellschaft. Verantwortung zu übernehmen, einzufordern und gelegentlich dabei auch persönlich Nachteile in Kauf zu nehmen, sind unvermeidliche Konsequenzen, die zu den wichtigsten Erfahrungswerten im Leben gehören.

Ein humorloses Leben in Gleichgültigkeit, Egoismus, Rücksichtslosigkeit und Unbarmherzigkeit ist ein vertanes Leben. Zeitgenossen mit dieser Einstellung sind zu bedauern. Sie wären besser als Eintagsfliege zur Welt gekommen.

Zum Schluss zwei Wegweisungen, die mich durch mein Leben begleiteten:

Mein Konfirmationsspruch:
Der Geist ist willig, aber das Fleisch ist schwach.
(Markus 14,38)

Eine zeitgenössische, aber auch historisch-populistische Dauerklage:
Die Jugend liebt heutzutage den Luxus.
Sie hat schlechte Manieren,
verachtet die Autorität,
hat keinen Respekt vor den älteren Leuten
und schwatzt, wo sie arbeiten sollte.

Die jungen Leute stehen nicht mehr auf,
wenn Ältere das Zimmer betreten.
Sie widersprechen ihren Eltern,
schwadronieren in der Gesellschaft,
verschlingen bei Tisch die Süßspeisen,
legen die Beine übereinander
und tyrannisieren ihre Eltern.
(Sokrates, 469 - 399 v. Chr.)

Literaturangaben

Göhri, J. F.: Perle im Breisgau: Kenzingen mit den Teilorten Nordweil, Bombach und Hecklingen, Horb am Neckar 1991, Geiger-Verlag,

Kopinski, C.: Kenzingen 1979 - 1987, Kenzingen 1987, Verlag: Stadtverwaltung Kenzingen

Kopinski, C.: Kenzinger Chronik, 1987 - 1995, Kenzingen 1995, Verlag: Stadtverwaltung Kenzingen

Reiner, H. / Linemann, W.: Kenzingen. Der kurze Weg durch die lange Geschichte, Kenzingen 1982, Verlag: Heimat- und Verkehrsverein Kenzingen

Treffeisen, J. /, Hämmerle, R. / Auer, G.: Die Geschichte der Stadt Kenzingen. Von den Anfängen bis zur Gegenwart, Bd. I, Kenzingen 1998

Treffeisen, J. /, Hämmerle, R. / Auer, G.: Die Geschichte der Stadt Kenzingen, Bd. II, Kenzingen 1999

Mensch, Natur, Umwelt; Kenzingen, 1998; Verlag: Stadtverwaltung Kenzingen

Weidner, H. M.: Entdecken, was Freude macht: „Oberrheinische Narrenschau", Kenzingen, Gütersloh 1976, Verlag: Verband Oberrheinische Narrenzünfte e.V, Freiburg

Auflösung:

amamaladnamalahamaadaham

(Ein Marmeladeneimerchen haben wir auch zu Haus)

www.ingramcontent.com/pod-product-compliance
Lightning Source LLC
Chambersburg PA
CBHW070702100426
42735CB00039B/2433